Ma vie a un prix

Tina Okpara
avec la collaboration de Cyril Guinet

Ma vie a un prix

ÉDITIONS DE NOYELLES

7-13, boulevard Paul-émile-Victor – Île de la Jatte
92521 Neuilly-sur-Seine Cedex

www.michel-lafon.com

À mes parents,
Simon et Teni Omaku.
J'espère que, là-haut,
ils sont fiers de moi.

1

Une petite fille dans un sac-poubelle

Chatou (Yvelines), février 2005.

Il pleut. Je pleure. La pluie qui tombe en rideau repeint le jardin couleur de ciment. Sur mes joues, les larmes dessinent des rivières salées. Mon cœur cogne dans ma poitrine. J'ai du mal à respirer, j'ai du mal à penser. Je traverse la terrasse. Un pas, un tout petit pas. Un autre, minuscule. Me voilà sur la pelouse. L'herbe est froide et mouillée sous mes pieds nus. Une bourrasque plaque mon sweat-shirt vert contre mon corps et ma longue jupe grise colle à mes jambes comme une peau de rhinocéros glacée. Mon cœur me dit de courir, de courir à toutes jambes, de toutes mes forces. Mais je ne peux pas. J'ai l'impression que les arbres décharnés par l'hiver vont se jeter sur moi et me repousser de leurs bras noircis.

Je me retourne vers la villa. Est-ce qu'ils crient toujours ? Est-ce qu'ils se battent encore ? Ils vont bien finir par s'apercevoir que je ne suis plus là. Alors ils me chercheront partout. Ils inspecteront la maison, fouilleront les chambres. Ils feront claquer les portes en criant « Tina ! Tina ! ». Ils descendront à la cave, jusque dans mon taudis. Ils finiront bien par regarder dans le jardin et ils me rattraperont. Alors...

Le tam-tam de mon cœur résonne partout dans ma tête, dans mon corps. Ils m'ont frappée. Ils m'ont battue. Torturée. Mais je ne sens plus la douleur de leurs coups. La peur de mourir l'emporte sur tout et me pousse en avant. Une odeur d'humus me monte au nez. Le jardin sent le cimetière. Je traverse la pelouse sans m'en rendre compte, un grillage me barre le passage. Alors je saute. Un bond et je retombe dans le jardin de Maria, notre voisine. Sans même réfléchir, je me faufile jusque dans la cabane où elle élève des lapins.

Je reste là, debout, incapable de faire un mouvement de plus. Je tremble, mais ce n'est pas de froid. Les tôles ondulées au-dessus de ma tête et la paille sous les pieds me font penser à une case africaine. Je revois les vallées verdoyantes, le soleil qui brûle si fort qu'il blanchit le ciel, les rues de terre battue, les femmes en boubou multicolore, et notre maison au Nigeria... Là-bas, je n'avais jamais froid. Là-bas, je n'avais jamais peur.

J'ai besoin de reprendre mon souffle. J'ai besoin de discipliner les idées qui se bousculent dans ma tête. Je ne peux pas rester ici, dans cette baraque au milieu des pelles, des râteaux et des lapins qui s'affolent dans leurs clapiers. Mais je ne sais pas où aller. Je voudrais juste être ailleurs. N'importe où. Loin d'ici. Et que tout s'arrête.

– C'est toi, Tina ?

La porte s'est ouverte d'un coup et Maria se tient devant moi. Il nous arrive parfois de parler ensemble, chacune de son côté de la clôture. « Bonjour, bonjour », « Comment ça va ? » ou « Il fait beau aujourd'hui ! » C'est tout. Pour elle, je ne suis qu'une gamine de seize ans, la fille de ses voisins. Elle ne m'a jamais posé de question. Je ne lui ai jamais rien raconté. Elle sait bien que parfois je me glisse dans son jardin pour chercher refuge dans sa cabane. Jusque-là, Maria a fait comme si elle ne s'apercevait de rien. Pourquoi, ce matin, vient-elle à ma rencontre ? Pourquoi se décide-t-elle à me parler ? Parce qu'il fait très froid et qu'il pleut à verse ? Parce qu'elle a vu que je ne porte qu'une jupe et un sweat-shirt sous les trombes d'eau ? Ou parce qu'elle a entendu des cris quelques instants auparavant ?

– Pourquoi pleures-tu ? me demande-t-elle.

J'ai la gorge serrée et les mots sortent trop vite de ma bouche. Mes larmes coulent encore plus fort. Une affreuse grimace déforme mon visage et mes mains s'agitent devant moi comme deux oiseaux paniqués.

– Aidez-moi, pitié aidez-moi !

Maria me fixe un instant. Elle a soudain l'air terrifié. Elle a peur d'eux, elle aussi. Je le vois dans ses yeux.

– Je ne peux pas t'aider, Tina. Tu ne peux pas rester ici.

Elle ne me laisse pas le temps de prononcer un mot. Elle parle, elle parle. Impossible de lui couper la parole.

– Je suis veuve ! Je suis une femme seule ! crie-t-elle. Je ne veux pas d'histoires !

Et puis, tout en continuant à se lamenter, elle farfouille dans ses outils. Elle attrape une paire de ciseaux et un sac-poubelle de couleur jaune. En un clin d'œil, elle y découpe un trou pour la tête, deux autres pour les bras et elle m'enfile ce poncho de fortune avant de me pousser hors de sa cabane.

– Je ne peux rien faire de plus pour toi. Pars ! Sauve-toi maintenant !

Je me retrouve sur la route, sous la pluie battante. Il est presque midi. Le quartier est désert. Je marche sans but et me retrouve dans un petit parc. Je vais m'asseoir sur un banc, sous un arbre, et je pleure encore. Ça tourne toujours dans ma tête... Que faire ? Où aller ? Qui peut m'aider ? Je ne connais personne ici.

Je ne sais pas combien de temps je reste à réfléchir ainsi. Dix minutes ? Une heure ? Une voiture passe sur la route, ralentit et s'arrête devant un pavillon. La portière s'ouvre et une femme jaillit du véhicule. Elle se presse sous la pluie, va ouvrir le coffre puis en sort des sacs de courses. Cette femme pourrait-elle venir à mon secours ? Ne va-t-elle pas, plutôt, me chasser, comme Maria ? Je décide de tenter ma chance. Je me lève et je marche dans sa direction. Elle ne me voit pas arriver et sursaute lorsque je m'adresse à elle.

– Madame, à quel âge un enfant a le droit de quitter sa famille ?

La femme me considère un instant et fronce les sourcils.

– Ça dépend, me dit-elle.

Elle regarde mon sac-poubelle dégoulinant de pluie, ma jupe et mon sweat-shirt détrempés. Son regard s'arrête sur mes pieds nus, pleins de terre. Puis, d'un coup, elle pose ses courses et ouvre la porte de sa maison.

– Entre ! me dit-elle.

Comme j'hésite, elle insiste.

– Entre, je te dis. Tu vas attraper la mort à rester sous la pluie.

La porte se referme derrière moi. La femme disparaît un instant et revient avec un pull blanc.

– Tiens ! C'est pour toi, me dit-elle.

J'enfile le pull puis je suis la femme dans son salon. Elle m'invite à m'asseoir sur un canapé. Pendant un moment, nous ne prononçons plus une parole, ni l'une ni l'autre. La femme me considère gravement et ses yeux me posent les questions qu'elle n'ose pas encore formuler.

– Normalement, un enfant ne peut quitter ses parents qu'à dix-huit ans, m'explique-t-elle d'une voix douce comme pour ne pas m'effrayer. Il faut être majeur, tu comprends ?

Je hoche la tête. Oui, je comprends.

– Sauf s'il se passe des choses graves chez lui, poursuit la femme. Si on lui fait du mal…

Un silence. Elle me fixe comme si elle voulait lire dans mes pensées.

– Est-ce que quelqu'un te fait du mal chez toi ? finit-elle par demander.

– Mon père, je lui réponds. Mon père me fait du mal.

Les images se bousculent dans ma tête au moment où je fais cet aveu. La chambre. Le matelas. La douleur. Les cris. Les coups.

La femme reste un instant à me regarder sans rien dire. Puis elle me tourne le dos et saisit le combiné du téléphone.

– Je crois que nous devrions appeler la police, dit-elle.

– Non ! Pas la police !

J'ai crié sans le vouloir.

– S'il vous plaît, dis-je plus doucement, pas la police…

– Alors qu'allons-nous faire ? interroge-t-elle.

Je tends la main vers le téléphone.

– Peut-être que je pourrais appeler chez moi...

Elle me donne l'appareil. Je compose notre numéro et je porte le combiné à mon oreille en tremblant. Une sonnerie. Une autre, puis une voix dans l'écouteur.

– Tu es où ?

C'est mon père. J'ai envie de hurler. De jeter le téléphone et de le fracasser contre le mur.

– Je suis dehors, dis-je.

– Il faut que tu rentres maintenant, me répond-il.

Il parle avec sa voix gentille, douce. La voix qu'il prend quand il veut me rassurer.

– Tout est arrangé maintenant, tout va bien, poursuit-il.

J'écoute un instant sans rien dire. À l'autre bout du fil, je n'entends rien d'autre que sa respiration. Pas de cris hystériques derrière lui, pas de fracas de vaisselle, pas de hurlements, pas de menaces.

– J'arrive, dis-je avant de raccrocher.

La femme a suivi la conversation debout, face à moi, figée comme une statue.

– Tu es sûre que ça va aller ? demande-t-elle.

– Mon père dit que oui…

Elle me raccompagne et ouvre la porte sur le déluge qui continue de tomber.

– Où habites-tu ?

Je tends le bras et indique une direction dans la pluie.

– Par là…

– J'aimerais que tu me donnes ton numéro de téléphone, dit-elle. Comme ça, je pourrais t'appeler de temps en temps et prendre de tes nouvelles. Tu veux bien ?

– Je crois que c'est mieux si c'est moi qui vous téléphone, je lui réponds.

La femme me sourit. Elle prend un crayon, un morceau de papier, et elle y écrit son numéro.

– Tu peux appeler n'importe quand. Et s'il se passe quelque chose...

– Et le pull ? je demande.

– Tu peux le garder, me dit-elle avec un air un peu triste.

Sa main effleure mon bras. Lorsque je sors de sa maison, je serre dans mon poing le papier où elle a griffonné son numéro. Je me remets en route, seule, sous la pluie. Une petite fille dans un sac-poubelle. Une petite vie tout juste bonne à jeter aux ordures. Voilà ce que je suis devenue. Mon cœur se remet à cogner, et s'affole à mesure que j'approche de notre maison. Il sait bien que je marche vers l'enfer. Mais je n'ai nulle part où aller.

Oh maman, maman ! Pourquoi m'as-tu abandonnée ?

2

Le premier drame de ma vie

Maman !

Ma mère... Elle va et vient dans la maison. Toujours occupée. Jamais un instant de répit. Elle prépare la cuisine. Elle fait le ménage. Elle nous houspille en yoruba[1], mon frère et moi, pour que nous ne restions pas dans ses jambes. Elle nous rappelle pour que nous finissions nos devoirs.

Ma pauvre mère... Teni Omaku. Je ferme les yeux et je la revois, comme si c'était hier. Tenant entre ses doigts un crayon de bois, elle s'applique. La mine glisse sur le papier et trace une petite silhouette vêtue d'une longue jupe, les bras le long du corps, les mains qui disparaissent dans les poches. Maman lève son crayon. Elle me regarde,

1. Le yoruba est une des trois langues officielles parlées au Nigeria.

amusée. Puis elle fignole sa petite bonne femme : deux points au milieu de l'ovale du visage pour les yeux. Un petit trait vertical pour le nez, une ligne courbe en dessous. Maman lui a fabriqué un sourire ! Je la contemple béate d'admiration. Je suis une petite fille de sept ans et, à mes yeux, ma mère est la plus grande artiste du monde.

Dans la banlieue de Lagos où nous vivons, comme dans beaucoup de pays d'Afrique, ma mère est une privilégiée : elle est allée à l'école jusqu'en sixième. D'habitude, les femmes de sa génération ne font pas d'études. Elle a ensuite appris le métier de couturière, mais aujourd'hui elle dirige un petit commerce : elle prépare des plats à la maison, que des cousines à elles vont vendre ensuite en ville.

Mon père, lui, est employé dans une usine. Simon Omaku est un homme simple qui sait tout faire de ses mains. Il sait conduire toutes sortes de véhicules, et même des camions. Papa adore conduire. C'est un gros travailleur. Il loue un terrain qu'il va cultiver après sa journée à l'usine. Il dit toujours que nous avons besoin de l'argent de la vente des récoltes.

Nous vivons au premier étage d'un bâtiment encore partiellement en construction, qui appartient au patron de mon père. Il y a toujours plein de monde chez nous. Ça va, ça vient. Il y a les cousines de maman qu'on voit passer, avec de grosses gamelles en équilibre sur leurs têtes. Mon oncle Bala, le frère de maman, qui demande toujours si je fais bien mes devoirs. Des voisins qui viennent parler football avec mon père. Des amies de ma mère, aussi. Elles s'assoient ensemble pour discuter. Le temps qu'il fait. Le prix des choses. Elles se plaignent des hommes, aussi.

Dès que j'en ai le loisir, je file m'amuser dans la cour ou jouer avec ma copine Sophie[1]. Elle est plus jeune que moi, de quatre ans, mais nous nous entendons à merveille. Nous passons des heures à jouer et à rire ensemble. Son père, Godwin, est une vedette, un footballeur célèbre. Il a débuté dans l'équipe sponsorisée par le patron de papa avant d'être engagé dans des grands clubs, en Europe. Sa mère, Linda, est une grande et belle dame qui m'impressionne beaucoup, par ses tenues et ses bijoux. On voit qu'elle est riche. Elle nous couve du regard, Sophie et moi, lorsque nous jouons ensemble.

– Ces deux-là, elles sont comme deux sœurs, dit-elle.

Le ventre de maman s'arrondit. On dirait qu'elle cache un gros ballon sous son boubou. Je sais bien qu'il y a un bébé à l'intérieur. Si je pose mes mains

1. Pour un respect de la vie privée, les prénoms des enfants ont été changés.

sur son ventre, je peux le sentir bouger. Ce que je ne comprends pas, c'est comment il est arrivé là.

– Comment on fait les bébés ? je finis par demander.

– Les bébés viennent quand on s'assied près des garçons, me répond une de mes tantes en riant.

Je suis terrorisée à l'idée que je pourrais moi aussi être enceinte ! À l'école, je n'ose plus m'asseoir qu'à côté des petites filles...

– Tu préférerais un petit frère ou une petite sœur ? me demande un jour maman.

Pas besoin de réfléchir longtemps, la réponse s'impose d'elle-même.

– Une petite sœur !

Elle pourra partager mes jeux. Je lui présenterai Sophie, et elles seront amies. Et surtout, je ne serai plus seule à devoir aider maman.

J'ai beau être encore une petite fille, j'ai compris depuis longtemps qu'ici les hommes sont des rois fainéants. À la maison, on dit toujours : « Tina, fais ceci », « Tina, fais cela ». À mon frère, jamais. On ne demande jamais rien à Emmanuel. Il n'est pas obligé de mettre la table, ni de la débarrasser. Ça m'agace !

– Pourquoi Emmanuel ne fait jamais la vaisselle ?

Maman hausse les épaules.

– Ce n'est pas un travail pour les garçons, répond-elle.

Je trouve ça injuste et je le fais remarquer en bougonnant. Alors maman hausse le ton.

– Quand je ne serai plus là, tu seras la fille de la famille ! C'est une grande responsabilité, tu peux me croire ! Tu dois apprendre maintenant à être responsable et raisonnable. Quand je ne serai plus là, il sera trop tard. Je ne pourrai plus t'aider…

Ah maman ! Je me suis souvent demandé pourquoi tu me parlais ainsi. Savais-tu que tu allais bientôt nous quitter ? Savais-tu tout ce qui allait arriver ? Est-ce pour me protéger que tu voulais que je sois forte, que tu me demandais d'être raisonnable et responsable ?

Quand je trouve que maman est trop sévère avec moi, je cours me réfugier auprès de mon père. Papa est toujours gentil avec moi. Je suis sa petite princesse et il ne me gronde jamais. Il me câline et me dit d'aller jouer. Je dévale les marches et je rejoins mes copines dans la cour.

Je prie de toutes mes forces pour que le bébé soit une fille. Quelques semaines plus tard, Ayuba vient au monde. Un garçon ! J'en pleure de dépit. Maman me serre contre elle pour me consoler.

– Ne pleure pas, me dit-elle. Nous aurons un autre bébé. Et cette fois, je te promets, ce sera une petite fille. Une petite sœur rien que pour toi.

Ce mercredi, la maison est pleine de monde. C'est jour de match à la télé. L'équipe des Super

Eagles du Nigeria joue contre le Brésil[1]. Tous les hommes sont massés autour du poste. Mon oncle Bala est là. Il y a des voisins, des copains d'usine de mon père. Son patron, aussi. Pronostics. Paris. Chamailleries. On ne s'entend plus !

– Les Brésiliens ont la meilleure équipe ! Il y a des grands joueurs : Bebeto ! Juninho ! Ronaldo !

– Les Super Eagles sont imbattables ! On va gagner !

Les femmes secouent la tête d'un air désolé. Les hommes et leur football !

Soudain, tous les visages se tendent vers l'écran. L'arbitre vient de donner le coup d'envoi du match. Quelques secondes plus tard seulement, catastrophe : le Brésil marque un but ! Les bras se lèvent, les poings fermés maudissent le ciel. Mon père se prend la tête entre les mains. Mon oncle se frappe la poitrine. ça ne pouvait pas plus mal commencer.

La partie reprend. Lagos, la plus grande ville du pays, la deuxième métropole d'Afrique après Le Caire, retient son souffle. Les rues sont désertes. Et soudain, un cri immense emplit le ciel.

– Nigeria ! Nigeria !

---

1. Le 31 juillet 1996, l'équipe nationale de football du Nigeria a battu celle du Brésil en demi-finale des Jeux olympiques à Atlanta, avant de remporter la finale face à l'Argentine. Les Super Eagles sont ainsi devenus la première équipe africaine à décrocher la médaille d'or dans ce sport.

Les Super Eagles ont marqué à leur tour, et égalisé !

Et ça continue comme ça pendant deux heures. Les Brésiliens marquent, et c'est un drame national. Puis les Nigérians reviennent au score, et ce sont des explosions de joie. Sur l'écran les joueurs s'embrassent, et dans notre salon les hommes se sautent dans les bras. Tout à coup, un hurlement plus fort que les autres fait trembler les murs de notre maison.

– Nigeria ! Nigeria !

Le pays tout entier chavire de bonheur au moment où le joueur Ikpeba marque le but de la victoire. Mon père en a les larmes aux yeux. Jamais encore je ne l'ai vu aussi réjoui.

– Pourquoi es-tu si heureux ? lui demande maman lorsque, enfin, le calme revient dans la maison.

– Parce que l'équipe de mon pays a gagné, répond papa.

Un grand sourire éclaire son visage.

– Et toi ? insiste maman. Qu'est-ce que tu as gagné, toi, Simon Omaku ?

– Les femmes ne peuvent pas comprendre, lui dit-il avec un air mystérieux.

Maman porte Ayuba dans son dos, coincé dans son boubou. Puis Ayuba fait ses premiers pas... Le temps passe. À nouveau, le ventre de maman s'arrondit. À nouveau, je la vois parfois s'arrêter et poser ses mains sur son ventre avec une grimace de douleur. À nouveau, je fais des prières pour qu'une petite sœur arrive dans notre famille.

Et puis un matin... Maman quitte la maison de bonne heure, je ne suis pas encore levée. Je vais à l'école, comme d'habitude. À mon retour, maman n'est toujours pas là. Je commence à faire mes devoirs, toute seule. Soudain, une femme fait irruption dans la maison. Elle crie.

– Simon ! Simon ! Viens vite ! Ta femme va mourir !

Mon père se précipite.

– Que se passe-t-il ? demande-t-il.

– Il faut venir ! Vite ! répond la femme. Teni a perdu le bébé ! Il faut l'emmener d'urgence à l'hôpital !

Une peur panique s'empare de moi. J'agrippe la manche de mon père. Je veux voir maman. Je veux aller à l'hôpital, mais mon père me repousse et me dit que je dois rester à la maison. Et attendre.

– Ce n'est pas la place d'une petite fille, m'explique-t-il. Demain, tu viendras demain quand ta maman ira mieux. Je te le promets.

Il m'embrasse et me plante là. Emmanuel, lui, est autorisé à le suivre. Pourquoi lui et pas moi ? Je trouve ça tellement injuste. Encore plus injuste que la vaisselle que je dois faire et pas lui !

Maman est morte le soir même à l'hôpital[1]. J'entends les adultes parler de fatigue, de fausse couche, de fatalité... Je ne comprends pas tout, et j'ai trop de chagrin pour poser des questions. Je suis encore plus triste de n'avoir pas pu aller voir ma mère à l'hôpital. De n'avoir pas pu lui dire au revoir.

Et au fond de mon cœur, je ne peux pas m'empêcher de me poser cette terrible question : est-ce que ma maman est morte parce qu'elle voulait faire la petite sœur qu'elle m'avait promis ?

---

1. Le décès maternel est un véritable fléau au Nigeria. Près de 59 000 Nigérianes sont mortes en couches en 2009.

—

3

Vol de nuit pour l'enfer

Ce jour-là, mon père rentre du travail et nous appelle :

– Emmanuel ! Ayuba ! Tina ! Venez vite !

Mes frères et moi, nous nous précipitons dans le salon où nous découvrons une femme que nous n'avons jamais vue. Mon père se tient à côté d'elle, souriant de toutes ses dents. Il nous présente l'inconnue. Elle s'appelle Lami. Il nous explique qu'à partir de maintenant elle va vivre avec nous, dans notre maison, et qu'ils vont bientôt se marier.

Je pense aussitôt que cette étrangère veut prendre la place de ma mère. Mon visage et mon cœur se ferment. Je regarde la femme. Où mon père l'a-t-il dénichée ? Depuis quand la connaît-il ? Que peut-il bien lui trouver ? Allons ! Réveille-toi, Simon Omaku ! Ouvre les yeux ! Ne vois-tu pas que cette mégère est tout le contraire de Teni que tu chérissais si fort ? Lami est une petite femme boulotte à la mine renfrognée. Maman était grande, mince, souple, noire et parfumée comme une liane de réglisse.

Lami ne vient pas s'installer seule sous notre toit, elle amène avec elle ses trois enfants. Deux filles et un garçon, qu'elle a eus avec un premier mari dont elle a divorcé. Ses vendeuses viennent elles aussi habiter avec nous. En effet, Lami dirige un petit commerce de bouche, comme ma mère. C'est leur seul point commun. Lami dirige son équipe d'une main de fer. Chaque matin, ses jeunes employées partent de la maison avec de grosses gamelles pleines, en équilibre sur leurs têtes. Elles reviennent le soir et confient la recette de la journée à leur patronne qui compte et recompte les naira[1], avant de leur verser leur salaire.

Il n'y a jamais de contestation, Lami ne le tolérerait pas. C'est une femme énergique et autoritaire, qu'il vaut mieux ne pas contrarier. À peine installée chez nous, elle se conduit en maîtresse des lieux. Et gare si on ne lui obéit pas ! Même mon père se tient à carreau et évite de la contredire.

D'aussi loin que je me souviens, je n'ai jamais vu mon père et ma mère se disputer. Avec Lami, les querelles sont quotidiennes. Pour un oui, pour

1. Naira : monnaie du Nigeria.

un non, elle crie, attrape mon père par la manche de sa chemise et le secoue comme un palmier.

Je n'aime pas la nouvelle épouse de mon père. Elle l'a bien compris et me le rend bien. Elle saisit la moindre occasion pour me hurler dessus. Mon père, qui voit bien que Lami favorise ses filles et son fils au détriment de ses propres enfants, n'ose cependant pas intervenir. Sans doute pense-t-il qu'avec le temps tout va s'arranger sans effort.

Je pense souvent à ma mère. Il suffit d'un mot, d'un lieu, d'une situation, d'un objet pour déclencher la machine à souvenirs : l'heure à laquelle elle préparait le repas, son écriture sur une feuille de papier, un petit bout de crayon de bois... Tous ces petits riens me ramènent en arrière, et me rappellent combien nous étions heureux. Alors, le cœur lourd, je vais m'asseoir dans un coin et je laisse couler les larmes sur mon visage. À tous les coups, mon père accourt. Il passe son bras autour de mes épaules et m'attire contre lui.

– Pourquoi tu pleures, petite Tina ? demande-t-il.

Je renifle, je frotte mes yeux avec le dos de ma main.

– Maman me manque...

Alors mon père me serre très fort contre lui. Je sens sa chaleur, son amour. Et j'oublie – un peu – que je suis malheureuse.

Papa a toujours aimé maman, je le sais. Et je sais qu'il l'aime encore par-delà la mort. Je le sais parce que, parfois, lorsque je me fais petite comme une souris et qu'il ne se doute pas que je l'observe, je le trouve prostré, le visage enfoui dans ses mains. Et il pleure…

Contrairement à ce que pensait mon père, le temps n'a pas apaisé les tensions entre ma belle-mère et moi. Les conflits deviennent même de plus en plus fréquents. Je me dispute avec Lami, avec ses filles, avec son fils… Je me dispute avec tout le monde. Désormais, notre maison est pleine de cris et de larmes. Depuis que maman est morte, c'est la maison du malheur. Mon père est le premier à en souffrir, et je ne le vois plus sourire comme avant.

Une telle situation ne peut pas durer. Je suis dans la cour, en train de jouer avec une copine lorsque mon père vient me trouver. Son visage est grave, comme quand il a réfléchi longtemps et qu'il a une chose importante à me dire.

– J'ai pris une décision, m'annonce-t-il. Tu vas aller vivre chez ton oncle.

Ce n'est pas une punition. Au contraire ! Mon oncle Bala, qui vit de l'autre côté de Lagos, est célibataire et n'a pas d'enfant. Je l'aime beaucoup, même s'il est plus strict que mon père.

Cela ne traîne pas. Je quitte la maison de Simon

Omaku dès la semaine suivante. Une nouvelle vie commence. Chaque jour je vais à l'école. Mon oncle vérifie que mon uniforme est impeccable. Lorsque je rentre, en fin d'après-midi, mon oncle est encore au travail. Je n'ai pas le droit de sortir jouer. À son retour, mon oncle vérifie si mes devoirs sont bien faits et mes leçons bien apprises. Pas question que sa nièce devienne un cancre, et gare à moi si je ramène une mauvaise note !

Chaque week-end, mon père vient nous rendre visite. Je vais l'attendre à l'arrêt du car. Je lui raconte tout ce que j'ai appris à l'école. Et lui me donne des nouvelles d'Emmanuel et d'Ayuba. Mes frères me manquent... La mort de notre mère nous a rapprochés. Nous évitons tout les deux de parler de Lami. En fin d'après-midi, mon oncle et moi raccompagnons mon père jusqu'au car.

– Tu te souviens de madame Okpara ? me demande-t-il, un jour que nous marchons vers la gare routière.

Il pose sa main sur ma tête et me caresse les cheveux.

– Elle, elle se souvient très bien de toi. Tu ne devineras jamais ce qu'elle m'a proposé.

Non, je ne devine pas. Je ne dis rien. J'attends la suite.

– Elle veut te prendre avec elle, dans sa maison, poursuit mon père. Elle souhaite t'adopter.

– Jamais !

J'ai reculé d'un coup, et mon père est tout surpris de ma réaction.

– Tu seras avec ta copine Sophie. Et tu auras plein de bonnes choses !

Je secoue la tête, l'air buté. Non, non, non ! Je suis la fille de Teni Omaku, et de personne d'autre ! Je ne veux pas trahir ma mère !

Mon père n'insiste pas mais, avant de monter dans le car, il m'embrasse et me conseille de réfléchir.

La semaine suivante, il me parle encore de Mme Okpara et de l'adoption. Mon père ne comprend pas mon entêtement. Il m'expose tous les avantages que j'aurais à devenir la fille de cette femme immensément riche. Son mari est footballeur professionnel en Europe, il gagne des millions et des millions. À son avis, c'est une chance inouïe qu'ils se soient attachés à moi.

– Au Nigeria, tu ne pourras jamais faire de longues études, me dit encore mon père. Il n'y a rien de bien pour toi, ici. Si Linda et Godwin t'emmènent avec eux, en France, tu auras une vie meilleure et tu pourras aller à l'université.

Un temps. Et mon père ajoute ces mots qui me crucifient :

– Et là-haut, ta maman sera fière de toi !

Quelques jours plus tard, mon oncle Bala me dit de m'habiller pour sortir.

– On va faire une promenade, me dit-il.

Il me fait grimper à l'arrière de sa moto puis prend la direction des quartiers résidentiels de Lagos. Les belles maisons défilent sous mes yeux, des voitures luxueuses sont garées le long des trottoirs.

Mon oncle stoppe devant une belle bâtisse de deux étages et me fait descendre. À notre approche, un gardien vient ouvrir le portail monumental.

– Nous venons voir madame Okpara, dit mon oncle.

Je me raidis, mais je suis mon oncle et le gardien. J'ouvre de grands yeux, je n'en reviens pas de ce que je vois autour de moi. Il y a dans cette maison tout le confort qui manque à la nôtre. Et bien plus encore… Je reste béate d'admiration devant la grande télévision à écran plat qui trône dans le salon.

Mme Okpara nous accueille. À sa façon de me dire bonjour avec un grand sourire, je vois bien qu'elle est contente de me revoir. Je demande des nouvelles de Sophie… J'aimerais beaucoup la voir, mais Mme Okpara m'explique que sa fille est en Europe, avec son père, son petit frère Steeve et sa petite sœur Sandy. Puis elle s'éloigne pour discuter avec mon oncle, me laissant, seule, dans le salon. Je n'entends pas ce qu'ils se disent, mais de temps en temps Mme Okpara jette un coup d'œil dans ma direction.

Enfin, nous prenons congé, et nous rentrons à la maison sur la moto de mon oncle.

– Il faut que tu prépares tes affaires, m'annonce-t-il à notre arrivée.

Cette fois, je comprends que je n'ai rien à dire : les adultes ont décidé pour moi. On ne me demande pas mon avis. Mon père veut que j'aille vivre avec la famille Okpara. Et ma mère voulait que j'obéisse à mon père.

Alors, une semaine plus tard, je quitte la maison de mon oncle pour aller m'installer dans le quartier résidentiel de Lagos. Mme Okpara m'accueille et m'explique qu'elle et son mari ont fait des démarches pour m'adopter. Dès les dernières formalités réglées, je deviendrai officiellement leur fille et nous partirons rejoindre le reste de la famille en France.

La France, je sais où cela se trouve... C'est loin pour moi. Un pays riche et froid, qui me fait à la fois rêver et un peu peur.

En attendant le grand départ, mon existence est complètement chamboulée. J'ai une grande chambre pour moi seule. Je mange chaque jour des plats délicieux. Et ce qui m'épate par-dessus tout, c'est qu'ici l'électricité ne tombe jamais en panne ! Un luxe incroyable. Chez nous, dans les quartiers pauvres, il y avait beaucoup de coupures et on ne savait jamais quand le courant reviendrait.

Malgré tout ce luxe, je pense toujours à ma mère... et le sentiment que je suis peut-être en train de la trahir m'obsède.

Un matin, je trouve Mme Okpara dans le hall d'entrée, habillée de pied en cap et s'agitant dans tous les sens. Elle a l'air pressé, et stressée. De nombreux bagages attendent devant la maison. Elle m'annonce qu'elle doit partir en France, pour voir son mari et régler des affaires. Elle m'embrasse, me rassure : son frère et une amie à elle veilleront sur moi.

Quelques semaines passent ainsi... La maison est étrangement vide et silencieuse. Et puis un jour, le frère de Mme Okpara m'annonce une grande nouvelle : mes papiers d'adoption sont arrivés ! Il me tend mon passeport. Je l'ouvre et découvre ma nouvelle identité : cela me fait drôle de lire, à côté de ma photo, le nom de Tina Okpara.

– Tu vas pouvoir rejoindre tes parents, me dit le frère de Mme Okpara.

Il me faut quelques secondes pour comprendre qu'il parle de Godwin et Linda.

Mon départ est prévu pour le dimanche 11 février 2001. Je n'ai plus que quelques jours à passer ici, au Nigeria. J'ai soudain l'impression d'avoir mille choses à faire : prévenir mon père, aller saluer mon oncle, embrasser mes frères, préparer ma valise. Oh !

Ils sont vite prêts, mes bagages ! Quelques vêtements, jetés au fond d'un petit sac. Et deux photos. Sur l'une, mon père, revêtu du boubou traditionnel, bleu, et coiffé d'un chapeau rouge, sourit au photographe. Sur l'autre, ma mère, assise dans un fauteuil, pose dans une longue robe couleur ivoire. Un foulard enserre ses cheveux. Elle aussi a l'air heureuse.

Je presse ces chères images contre mon cœur, et je sens les larmes me monter aux yeux comme à chaque fois que je pense à ma mère. Puis je les range soigneusement dans mon sac.

Le jour du départ, toute ma famille, mon père, mes frères et mon oncle, vient à l'aéroport me dire au revoir. Mon père prend mes mains dans les siennes. Et il me dit encore que j'ai de la chance, que je vais avoir une vie meilleure et un avenir.

– Tu feras bien attention, Tina, me dit-il. Tu ne dois pas faire d'histoires, sois bien sage.

Que puis-je lui répondre ? De grosses larmes roulent sur mes joues. C'est tellement dur de quitter ses parents, de quitter ceux que l'on aime sans savoir quand on pourra les revoir.

Mon père me serre dans ses bras, très fort, comme lorsque maman me grondait pour la vaisselle, ou que Lami était mauvaise avec moi. Il cherche ses mots pour me consoler.

– Ne pleure pas, Tina, dit-il doucement. Ne pleure pas… Je te promets qu'on se reverra bientôt.

Tu te trompais, papa. Tu t'es trompé, nous ne nous sommes jamais revus. La dernière fois, je prenais l'avion pour Paris et j'avais douze ans. Tu es parti rejoindre maman, ta Teni adorée... Et je ne t'ai jamais revu, ni embrassé. On m'a raconté qu'au moment de fermer les yeux pour toujours, tes dernières paroles ont été pour moi. Tu avais appris tout le mal qu'on m'avait fait, tout ce que j'avais souffert et enduré. Et tu as murmuré ces mots : « Je n'ai pas revu ma fille... »

La nuit est tombée sur l'aéroport, rendant les choses et les gens encore plus irréels et étranges à mes yeux... Je m'éloigne, alors que mon père, mes frères, mon oncle, tous, agitent leurs mains en signe d'au revoir. Mes pas sont lourds, comme si mes pieds restaient collés au sol d'Afrique. Mais j'avance, vaille que vaille, vers le grand oiseau de fer qui doit m'emporter loin des miens. À l'entrée de l'avion, une hôtesse me souhaite la bienvenue et me montre ma place. Autour de moi, tout m'impressionne. Bien calée dans mon siège, la ceinture bouclée sur mon ventre, je n'ose plus bouger. Les portes de l'appareil se ferment, et bientôt l'avion s'élance sur la piste. J'entends les réacteurs rugir au moment où l'appareil s'arrache à la terre. Les lumières de la ville deviennent minuscules.

Je pleure encore puis, épuisée, je m'écroule tandis que l'avion s'enfonce dans la nuit. Je dors pendant presque tout le voyage. Lorsque je me réveille enfin, une voix annonce, en français et en anglais, l'atterrissage à l'aéroport Roissy-Charles-de-Gaulle. Nous sommes arrivés...

L'avion se pose. Le froid me saisit dès la passerelle de débarquement. C'est l'hiver, ici ! Et je suis habillée comme en Afrique, avec un simple tee-shirt noir à manches courtes. Je me frotte les bras pour tenter de me réchauffer et je suis le flot des passagers qui se dirigent vers la sortie, en serrant mon précieux sac contre moi, comme si on allait me le voler.

Une petite foule patiente dans le hall. Des gens se retrouvent, s'embrassent. Je cherche du regard, et soudain je le vois qui m'attend. Godwin Okpara, mon nouveau père. Il s'approche de moi, et pose sur mes épaules un manteau qu'il a apporté pour moi. Voici donc l'inconnu que je vais devoir m'habituer à appeler papa. Je sens que je vais avoir du mal au début. Il m'intimide un peu... C'est un champion, connu dans tous le pays. Un des Super Eagles, l'équipe nationale de foot que mon père – mon vrai père, Simon Omaku – admire tant. Il est grand, costaud. On voit qu'il est sportif. Il a aussi un sourire très gentil, rassurant.

– Bonjour Tina, me dit-il. On va à la maison ?

Je réponds d'un « oui » timide. Et je le suis, sans un mot. Comment aurais-je pu imaginer que cet homme, qui me souriait alors avec bienveillance, me conduisait vers l'enfer ?

4

Une étrange famille

Jamais je n'ai eu aussi froid ! Je grelotte sous le manteau que Godwin m'a aidée à enfiler et je claque des dents comme un vieux squelette congelé. Ça fait un bruit ridicule de castagnettes dans ma tête... J'ai beau rentrer mes mains dans mes manches pour essayer de me réchauffer un peu, ça ne sert pas à grand-chose : j'ai l'impression que mes doigts se sont transformés en stalactites de glace. À côté de moi, Godwin semble s'amuser.

– C'est l'hiver ici, me lance-t-il, ça caille !

Il marche vite, et je dois trottiner pour rester à sa hauteur dans le dédale du parking de l'aéroport. Il s'arrête près d'un 4 x 4 Landcruiser et m'ouvre la portière côté passager. Je grimpe puis me recroqueville sur le siège tandis qu'il s'installe derrière le volant. Nous démarrons enfin, et le chauffage de la voiture me permet de me réchauffer un peu.

Godwin n'est pas bavard. Après m'avoir demandé comment j'allais, si j'avais fait bon voyage, si je n'étais pas trop fatiguée, et après avoir obtenu des nouvelles du reste de ma famille, il roule en silence, concentré sur sa conduite.

Le destin voudrait inscrire à jamais dans ma mémoire ce lundi 12 février 2001 qu'il ne s'y prendrait pas autrement : nous n'avons pas quitté l'aéroport depuis dix minutes qu'un véhicule surgit sur notre gauche. Godwin enfonce la pédale de frein, les pneus mordent le bitume dans un crissement strident. Je me sens projetée vers l'avant et mes bras se tendent par réflexe, mais la ceinture de sécurité me plaque aussitôt contre mon siège. Godwin donne un fort coup de volant pour tenter d'éviter l'accrochage. Bang ! Ça cogne à l'avant ! Godwin lâche un juron et se gare sur le bas-côté. Il descend de voiture puis je le vois, à travers le pare-brise, s'entretenir avec l'autre chauffeur qui s'est arrêté un peu plus loin. Plus de peur que de mal, heureusement. Nous repartons quelques minutes plus tard.

Dehors, le jour se lève. Le nez collé à la vitre, j'en profite pour regarder le paysage. Tout m'étonne, m'impressionne. De ma vie je n'ai vu un décor aussi uniformément gris. Gris ! Gris ! Gris ! Tout est triste et gris ! La route, les tours, les barres d'immeubles. Les arbres eux-mêmes, nus et décharnés sur les trottoirs, ont l'air tout droit sortis d'un vieux film en noir et blanc. Des villes aux noms étranges pour moi défilent : La Courneuve, Saint-Denis, Gennevilliers, Colombes et, enfin, Le Vésinet... Godwin stoppe à nouveau le 4 x 4, cette fois il coupe le moteur et retire les clés du tableau de bord. Nous sommes arrivés.

– Voilà ta nouvelle maison, me dit-il. Elle te plaît ?

Si elle me plaît ? À mes yeux, c'est un véritable palace. Nous traversons un petit jardin à la pelouse bien entretenue, puis nous entrons dans la maison. Godwin me conduit directement jusqu'à une grande chambre située à l'étage. Sa femme, Linda, est là, couchée dans le lit. Elle me sourit.

– Bonjour, Tina.

Je suis tout intimidée et j'hésite à entrer dans la pièce, alors Godwin me pousse vers le lit.

– Eh bien, tu ne vas pas embrasser ta maman ?

J'avance et je m'aperçois alors que Linda n'est pas seule dans le grand lit. Elle serre contre elle un petit être endormi, un bébé de quelques semaines.

Je me penche pour embrasser Linda. Je contemple le bébé : il sommeille, lové contre elle. Elle m'explique alors que le petit dernier de la famille est né il y a un mois tout juste.

– Comment s'appelle-t-il ? je demande.

– Samuel ! répond Linda. Tu sais, je choisis toujours un prénom qui commence par la lettre S pour mes enfants.

C'est exact : avant Samuel, il y a eu Sophie, Steeve et Sandy. Cela m'étonne un peu. À Lagos, je n'avais pas remarqué que Linda était enceinte. Y a-t-il si longtemps que je ne l'ai pas vue ? Je compte les mois, dans ma tête. C'est difficile, car je tombe de sommeil et je lutte pour ne pas m'écrouler. Godwin s'en rend compte et me propose d'aller me reposer un peu. Nous sortons, tandis que Linda se lève.

Ma chambre est une petite pièce lumineuse, aux murs tapissés de papier peint clair avec des motifs de fleurs roses et bleues. Une véritable chambre de petite fille.

Dehors, il fait grand jour à présent. Je suis si fatiguée que mes yeux se ferment tout seuls. Je m'approche du lit puis m'agenouille, y appuie mon front et joins les mains. Les yeux clos, les lèvres remuant à peine, je récite la prière rituelle : « Notre Père qui êtes au cieux, que votre nom soit sanctifié... » Puis, dans ma tête et dans mon cœur, je demande au Seigneur de bénir mon père, mes frères, et toute ma famille restée en Afrique. Et de bénir aussi mon nouveau papa et ma nouvelle maman. Ma tête me semble de plus en plus lourde. Je me couche et m'endors aussitôt.

Il me faut quelques jours pour m'habituer à ma nouvelle existence. La maison est si grande que, parfois, j'ai l'impression que je pourrais m'y perdre.

Il y a un jardin derrière, et un autre devant. Chacun de nous a sa propre chambre, et il y a deux salons : un pour les enfants, où nous pouvons jouer, et un autre réservé à Godwin, que j'ai encore du mal à appeler Papa.

Les journées me paraissent longues, surtout lorsque les autres enfants – mes sœurs et mon frère... – sont à l'école et que je me retrouve seule. J'ai hâte d'aller moi aussi en classe, mais Linda m'a expliqué qu'il était trop tard pour m'inscrire. Il vaut mieux, dit-elle, que je reprenne les cours à la rentrée de septembre, c'est-à-dire dans six mois. La moitié d'une année ! Je vais devoir prendre mon mal en patience.

En attendant, je m'efforce de me rendre utile. Je pense à ma mère, qui voulait que je devienne une fille « raisonnable et responsable ». Je me rappelle aussi les dernières recommandations de mon père, à l'aéroport : bien obéir, ne pas faire d'histoires. Alors, je fais tout ce qu'on me demande sans rechigner.

Le matin, j'accompagne Sophie, Steeve et Sandy à l'école, une imposante bâtisse de pierre blanche, percée de hautes fenêtres aux volets bleus, coiffée d'un toit d'ardoises et plantée au milieu d'un parc boisé. Connaissent-ils leur chance, tous ces enfants qui viennent étudier ici ? C'est une école internationale privée. Tous les professeurs sont bilingues et parlent anglais car, comme nous, la plupart des élèves sont originaires de pays anglophones. Ici, comme partout, on enseigne les mathématiques, les langues, l'histoire et la géographie. Mais, en plus, on fait découvrir l'art, la peinture et la musique aux enfants. Les plus petits, comme Sandy, ont des activités d'éveil. On les initie même à la cuisine, en leur faisant préparer des petites pâtisseries. Évidemment, tout cela coûte cher, mais avec son salaire de footballeur professionnel, Godwin a largement les moyens d'inscrire ses trois enfants. Et moi, quand ce sera mon tour. Je regarde les hautes fenêtres aux volets bleus, et j'imagine derrière chacune d'elles des enfants récitant leur poésie ou s'appliquant à colorier un dessin. Comme j'aimerais être à leur place !

Quand je reviens à la maison, Linda trouve de quoi m'occuper. C'est toujours « Tina, fais ceci » ou « Tina, fais cela ». Elle me demande de balayer, de passer la serpillière, de ranger les chambres, de faire la vaisselle ou encore de l'aider à la cuisine. Son ton n'est pas toujours aimable. J'imagine qu'elle est fatiguée par le bébé. Alors j'obéis, faisant toujours de mon mieux pour essayer de la soulager un peu.

À la maison, Godwin ne fait rien. Il passe une partie de la matinée avec nous, mais il ne parle pas beaucoup. Puis il va à l'entraînement, rejoindre les autres joueurs du Paris Saint-Germain.

Trois semaines après mon arrivée, Linda nous quitte. En effet, ma mère adoptive doit retourner au Nigeria pour régler des affaires. Elle emmène le petit Samuel. Durant son absence, une nounou a été engagée pour s'occuper des autres enfants. Mais Linda m'a bien expliqué que je devais l'aider, ne pas passer mon temps devant la télévision à ne rien faire. En fin de journée, lorsque la nounou part, c'est moi qui prends en charge mes frère et sœurs.

Un soir, Sophie, Steeve et Sandy sont couchés lorsque Godwin rentre en compagnie d'une amie et me demande de préparer la chambre d'amis. J'obéis sans poser de question. Puis Godwin m'ordonne de mettre la table, et de servir à manger. Gentiment, la jeune femme se propose pour m'aider.

– En quelle classe es-tu ? me demande-t-elle pour engager la conversation.

– Je ne vais pas à l'école, lui dis-je.

Ma réponse semble la plonger dans un abîme de stupeur.

– Elle vient d'arriver du Nigeria, intervient Godwin. Tina n'est pas vraiment ma fille, je l'ai adoptée. Pour l'école, je suis en train de voir pour son inscription…

– Tu veux que je m'en occupe ? demande la jeune femme.

– Non, non ! Je peux très bien le faire moi-même, ne t'inquiète pas.

Au cours du repas, je remarque que la jeune femme m'observe avec attention, quand j'apporte du pain, une bouteille d'eau, ou n'importe quoi d'autre que mon père a réclamé.

– Pourquoi cette gamine doit-elle tout faire ici ? finit-elle par demander à Godwin. Tu ne peux pas te lever ?

– C'est la tradition, chez nous, en Afrique, rétorque-t-il. Tu ne peux pas comprendre.

Ce soir-là, je vais me coucher, perplexe. Allongée sur mon lit, je réfléchis à ce qu'a dit la jeune femme. C'est comme si elle avait planté une graine en moi. Pourquoi ne vais-je pas à l'école ? Pourquoi dois-je accomplir les tâches ménagères ? Quelles sont les véritables raisons de ma venue ici ?

Le lendemain matin, en faisant les chambres – depuis longtemps, on m'a habituée à faire les lits de tout le monde –, je découvre que le lit de Godwin n'a pas été ouvert. Seul le lit de la chambre d'amis est défait.

Drôle de famille, décidément ! Une mère qui part pour de longues semaines en laissant ses enfants quasiment seuls, un père qui en profite pour recevoir sa maîtresse chez lui... Peut-être cela se passe-t-il ainsi chez les gens riches et célèbres. Je vais devoir m'habituer.

Avec l'été, les grands bouleversements arrivent. Linda est de retour juste avant les vacances d'été. Quelques jours plus tard, une vieille femme au visage ridé arrive à la villa du Vésinet. Badejoko Campbell doit avoir une soixantaine d'années. C'est une tante de Linda, qui la considère plutôt comme sa grand-mère. Tout naturellement, nous l'appelons Mamie. Elle va vivre avec nous, désormais.

Puis Godwin change d'équipe. Mon père adoptif quitte le Paris Saint-Germain pour le Standard de Liège, un club belge. Enfin, nous allons déménager : nous partons nous installer à Chatou, où Godwin et Linda ont trouvé la villa de leurs rêves. Chatou : je trouve le nom joli, même si je ne sais pas où cela se trouve. On m'explique que c'est tout près, à quelques kilomètres seulement du Vésinet où nous vivons.

Les premiers jours de vacances se passent dans une atmosphère fébrile, électrique. Godwin et Linda sont allés visiter le nouveau domicile. À leur retour, ils ont l'air très contents. Les enfants sont tout excités à l'idée de découvrir leur nouvelle chambre, les adultes passent leur temps à mettre des affaires dans des cartons. Linda se montre de plus en plus nerveuse, elle me crie dessus pour un rien.

Enfin, le grand jour arrive : un camion emporte les meubles et toutes nos affaires, Godwin emmène les enfants dans un premier voyage. La Mamie et moi attendons au Vésinet. Puis Godwin vient nous chercher.

Depuis la rue, on ne voit pas grand-chose de notre nouvelle maison. Une haute grille en fer, noire et grise, accueillante comme une porte de prison, la dissimule presque entièrement aux regards. Des piques courent sur toute la largeur et semblent dire : « Rien à voir ici ! Passez votre chemin ! ». La partie gauche de la villa, la plus haute, se termine par un toit aigu à un seul rampant qui s'enfonce dans le ciel comme un coin de béton. Deux fenêtres, étroites comme des meurtrières, percent ce donjon moderne. Une rampe d'accès abrupte descend jusqu'au garage, sombre comme les oubliettes d'un château médiéval. À droite, un sentier dallé mène à l'autre partie, plus basse et dissimulée par un rideau de végétation. Deux chiens assis brisent la ligne horizontale du toit d'ardoises.

Sophie surgit…

– Tina ! Viens voir ma chambre !

Elle me prend la main et m'entraîne. Nous grimpons l'escalier en courant et elle me conduit jusque dans une pièce encombrée de cartons. Un déménageur est occupé à monter les lits superposés de mes sœurs. Sophie danse comme une petite folle, et nous rions toutes les deux. Steeve lui aussi veut me montrer la chambre qu'il va partager avec le petit Samuel, et je suis bien obligée de le suivre.

Dans un joyeux brouhaha, nous poussons les portes, découvrons les placards, les toilettes, les salles de bains.

Au rez-de-chaussée, une grande pièce est occupée par le lit double : la chambre des parents. Un peu plus loin, je découvre une autre pièce, encore vide pour l'instant. J'y entre sur la pointe des pieds, comme dans un sanctuaire. C'est la seule pièce inoccupée et je devine, très émue, qu'il s'agit sans doute de ma nouvelle chambre.

Toute la journée, on pousse les meubles, on déballe les cartons. J'aide à ranger les couverts, la vaisselle, le linge... Le soir, j'ai mal aux bras d'avoir porté tant de caisses et d'objets divers. Mes jambes sont lourdes des milliers de pas que j'ai dû faire aujourd'hui. J'irais volontiers me coucher, mais ma future chambre n'est pas prête. Elle est toujours vide. Pas un meuble. Rien. J'ai beau chercher partout, je ne vois pas la moindre trace de mon lit.

– Aujourd'hui, tu vas dormir sur le canapé du salon, décrète Linda.

Ce soir-là, je m'endors en pensant à l'école. Encore quelques semaines de patience, et je vais enfin pouvoir étudier. Mes rêves regorgent de tableaux noirs, de cahiers d'écriture, de récitations et de tables de multiplication...

Le lendemain matin, la pièce du rez-de-chaussée n'est plus vide : on y a transporté des tonnes de cartons. Certains, ouverts à la va-vite, vomissent des affaires et des vêtements de Linda. Il y en a partout... Des robes occidentales, des boubous africains, des paires et des paires de chaussures. Il n'y a même plus la place pour un lit.

Je n'ose pas poser de question. J'ai un terrible pressentiment. D'affreux événements se préparent, je le sens. La nuit arrive. Les autres enfants montent se coucher. J'attends, inquiète.

– Finis de débarrasser la table, et va te coucher aussi, me dit Linda.

Un temps. Puis elle ajoute :

– Au fait ! Tu ne peux pas dormir toutes les nuits dans le salon. Tu vas dormir en bas. À partir de maintenant, ce sera ta place.

En bas, cela signifie à la cave. J'ose à peine regarder Linda lorsque je lui réponds.

– Oui, maman...

Je prends mes affaires et me dirige vers la porte menant au sous-sol. Derrière cette porte, il y a un escalier de treize marches... Treize marches que je descends au ralenti, la gorge nouée. Comme si je descendais sous la terre pour ne plus jamais en remonter.

5

L'espoir déçu

C'est une pièce froide et humide, avec du carrelage sur le sol, un radiateur électrique contre un mur. Accrochée au plafond, une ampoule nue se balance. Des cartons éventrés, des valises déglinguées, tout un rebut d'objets cassés gisent ici, inutiles et dérisoires. Et au milieu de ce dépotoir sans âme, un matelas a été jeté à même le sol, et une couette roulée en boule par-dessus. Je pose le sac contenant toutes mes affaires sur le sol, et je me déshabille pour la nuit. Je dois aller éteindre la lumière. J'ai peur. Peur d'aller jusqu'à la porte, d'appuyer sur l'interrupteur puis de revenir, à tâtons dans le noir, jusqu'au matelas. Pourtant, il le faut bien...

Un doigt sur l'interrupteur, j'évalue la distance qui me sépare de mon couchage. Quatre pas ? Cinq ? Je prends une grande inspiration. Clic ! Me voilà plongée dans le noir. Maladroite, j'avance à petits pas hésitants jusqu'au matelas. Je m'assieds, mais je n'ose pas encore m'allonger.

Il n'y a plus aucun bruit autour de moi, ou plutôt aucun son humain. Juste des gargouillis de tuyauteries, des borborygmes métalliques. D'un coup, tous les signes rassurants de vie, toute la chaleur rassurante des autres ont disparu. Un sentiment de solitude, immense et désespérant, s'empare de moi.

Ce soir-là, je ne m'agenouille pas au pied de mon lit. Je n'appuie pas mon front sur mes mains jointes, les yeux clos. Pour la première fois de ma vie, je ne récite pas le « Notre Père ». Je m'allonge, tremblante de peur. Je pense à mon père... mon vrai père. Je pense à ma mère. Je pense à ma famille, restée là-bas, en Afrique. Pourquoi m'ont-ils abandonnée ? Pourquoi m'ont-ils donnée à cette famille-ci ? Savaient-ils ce qui allait m'arriver ? M'ont-ils tous menti – mon père ! mon oncle ! –, pour me faire tomber dans un piège ?

Le premier soir, dans cette cave, je tire la couette jusque sur mon nez pour ne plus sentir l'odeur de moisi. Et je m'endors, le visage baigné de larmes.

Le lendemain, Linda m'indique comment occuper ma journée.

– Prends le balai et suis-moi !

Nous allons à l'étage et elle m'explique ce qu'elle attend de moi. Je dois ranger les chambres, y passer l'aspirateur en commençant par celle du fond. Les chambres terminées, je dois balayer l'escalier et, arrivée en bas, faire sa chambre, continuer dans le salon et finir par la cuisine. Je me mets au travail sans avoir pris de petit déjeuner, mais je n'ose pas réclamer. La faim me griffe le ventre.

Toute la journée, Linda m'indique au fur et à mesure ce que je dois faire. Après le balayage, je dois faire la vaisselle, puis le repassage, les courses et la cuisine... Et pour la lessive, elle m'interdit formellement d'utiliser le lave-linge.

– Tu es trop bête, me dit-elle. Tu serais capable d'abîmer le linge !

Je passe les deux mois de vacances d'été à travailler ainsi, toute la journée, du matin au soir. Je mange quand je peux... seule, dans la cuisine. J'ai l'impression que je vais devenir folle. Je me raccroche à un ultime espoir : chaque jour qui passe me rapproche du moment où je vais aller à l'école.

D'ailleurs, Linda a fait les achats pour la rentrée scolaire. Elle distribue à chacun cartable, trousse, cahiers et crayons... mais il n'y a rien pour moi.

– Je ne vais pas à l'école ? je demande.

Linda me fusille du regard.

– Toi ? Tu veux aller à l'école ?

– Je dois aller à l'école, dis-je, surprise moi-même de lui tenir tête.

Elle éclate d'un rire mauvais.

– Qu'est-ce que tu ferais à l'école ? Tu es nulle ! Tu crois qu'on prend les nuls, à l'école ?

Je suis pétrifiée par tant d'injustice. Mes lèvres tremblent.

– T'es juste bonne à balayer ! Et encore, faut tout le temps être derrière toi !

Elle s'approche de moi et prend une mine dégoûtée. Tout le dédain que je lui inspire se lit sur son visage, sur les ailes retroussées de son nez, sur sa bouche crispée.

– Et puis tu pues ! C'est pas possible de sentir aussi mauvais ! Comment veux-tu qu'on prenne une fille qui pue autant à l'école ?

Elle a fait un pas dans ma direction et aussitôt, instinctivement, je croise mes bras sur ma tête dans un réflexe défensif.

– À partir de maintenant, tu te lèveras plus tôt le matin pour prendre une douche ! Je ne veux plus sentir cette odeur répugnante.

Je ne suis pas idiote, pas aussi bête que Linda le croit. Je le sais bien, cette histoire d'odeur n'est qu'un prétexte...

Vous voulez savoir à quoi ressemblent mes journées ? Vraiment ? Alors il va falloir vous lever de bonne heure. Car, depuis qu'elle a décrété que je puais, Linda m'a donné un réveil que je dois faire sonner à cinq heures. Je me lève alors que toute la maison dort encore, et je prends une douche.

Ensuite, je repasse les uniformes des enfants, prépare leurs chaussures qui doivent être impeccables. Je vérifie que rien ne manque dans leurs cartables. Puis je me rends dans la cuisine et je prépare leur petit déjeuner. Bol de lait chocolaté, tartines, beurre et confiture, céréales. Je vais réveiller Sophie, Steeve et Sandy, puis je les aide à prendre leur douche, à faire leur toilette. Je les pommade, et je les habille.

Pendant qu'ils prennent leur petit déjeuner, je prépare leur goûter que je glisse dans leurs cartables : brique de jus de fruit et biscuits.

Dépêchons-nous ! C'est l'heure à présent de partir pour l'école. Les enfants Okpara vont toujours en classe à l'établissement international du Vésinet. Depuis Chatou, il nous faut trois quarts d'heure de marche pour atteindre la belle et grande bâtisse de pierre blanche aux volets bleus. Je dépose les enfants et je repars aussitôt en courant, la poussette de Sandy, vide, brinquebalant devant moi. Mieux vaut ne pas lambiner si je veux éviter les reproches de Linda.

À la maison, je commence le ménage. Je fais les lits des enfants. Linda exige que je change les draps deux fois par semaine. Je fais la lessive, puis je l'étends pour la faire sécher.

Vous me suivez toujours ? Il est bientôt midi. Par chance, les enfants déjeunent à la cantine, je n'ai donc pas à aller les récupérer. J'attaque le balayage de l'escalier. En principe, juste à ce moment-là, un rugissement retentit dans la maison.

– Tina !

Ce cri signifie que Sa Majesté Linda vient de se réveiller. Elle a faim ! Elle paresse au lit encore un moment puis se lève, en robe de chambre ou en boubou, et va s'allonger devant la télé.

– Tina ! C'est pour aujourd'hui, ou pour demain ?

J'arrive avec un plateau sur lequel j'ai disposé son couvert et une assiette de spaghettis, recouverts d'une sauce à la tomate cuisinée avec des piments, des oignons et des fruits de mer : son plat préféré. Mais elle peut aussi en décider autrement. Je vois tout de suite à son air, quand j'arrive avec le plateau, si elle va me renvoyer en cuisine ou non. Si elle a la tête à l'envers, la grimace renfrognée et l'œil mauvais, elle va crier :

– C'est quoi, ces conneries ? Tu crois que je vais bouffer ça ?

Demi-tour ! Je prépare autre chose, parfois avec l'aide de la Mamie. Linda attend dans le salon, vautrée sur le canapé. Lorsqu'elle se lèvera, elle trouvera de la poussière sur une étagère, ou me reprochera de ne pas avoir terminé une tâche ménagère… Elle me criera dessus, me frappera peut-être, avant de partir faire du shopping ou se balader avec une copine.

En fin d'après-midi, je pars chercher les enfants à l'école. Puis je m'assure qu'ils font leurs devoirs. Après le dîner, je les mets en pyjama pour la nuit puis les couche. Ma journée n'est pas terminée pour autant : je dois encore servir Linda et Godwin, et leurs invités s'ils reçoivent. Godwin a peut-être convié un autre joueur de foot du Paris Saint-Germain, Linda va peut-être rentrer avec une copine. Peu importe l'heure, qu'il soit minuit ou plus tard, je dois être là.

Et ma pause déjeuner dans tout ça ? Vous avez remarqué que je ne l'ai pas mentionnée dans mon emploi du temps ? C'est que je n'en ai pas ! Je mange quand je peux, lorsque Linda est partie, ou quand la faim me tenaille trop. Je mange debout, devant la cuisinière, ou assise dans un coin. Jamais de plat chaud. Je n'ai droit qu'aux restes.

Quelques semaines de ce régime m'ont transformée de façon incroyable. Je me suis fabriqué une carapace qui résiste aux gifles, aux privations, aux vexations et aux insultes. Je me suis habituée à ne plus parler puisqu'on ne m'adresse pratiquement pas la parole de la journée. Sauf pour aboyer des ordres. « Fais ceci ! », « Va faire cela ! ». Et tout ce que j'ai à répondre, c'est : « OK maman. »

La seule chose à laquelle mon corps ne peut s'habituer, c'est la fatigue. Le manque de sommeil m'écrase littéralement. J'ai parfois bien du mal à garder les yeux ouverts.

Mon état semble inquiéter Godwin.

– Pourquoi es-tu toujours comme ça ? me demande-t-il un jour.

– Comme quoi, papa ?

– Eh bien, tu traînes les pieds, tu avances comme un zombie. On dirait que tu es toujours triste et fatiguée !

Que puis-je répondre ? Ne voit-il pas ce qui se passe sous son propre toit ? Ne voit-il pas comment on me traite du soir au matin ? Ne sait-il pas qui réveille ses enfants, les lave, les habille et les emmène à l'école ? Ignore-t-il qui s'occupe de sa maison, tient le linge propre, change ses draps ? Ne s'est-il donc jamais demandé qui tond la pelouse ?

Il le sait bien ! L'autre jour, il est rentré avec le coffre du 4 x 4 rempli de bûches. Il m'a demandé de le décharger, et il est resté à côté de moi, sans faire le moindre geste pour soulager ma peine, sans porter une seule bûche. Une voisine a assisté à la scène, de l'autre côté de la clôture. J'ai vu qu'elle nous regardait, moi peinant, Godwin bras croisés, et qu'elle avait l'air scandalisée.

– Je suis triste parce que je voudrais aller à l'école, je lui dis.

– Encore cette histoire !

– On m'avait promis…

– Je vais parler à Linda...

Il me sourit.

– Je te promets que je vais essayer de lui en parler, dit-il encore.

Je sais bien qu'il n'arrivera pas à la convaincre. Godwin Okpara est peut-être un grand footballeur, un défenseur international. Il est peut-être plus malin que les attaquants adverses. Aucun avant-centre ne lui fait peur, mais il ne fait pas le poids devant sa femme ! Elle a sept ans et une tête de plus que lui. Elle le domine physiquement et psychologiquement.

Je ne lui en veux pas. Godwin a au moins un bon côté : quand il est là, Linda ne me frappe pas. Les coups sont en effet venus s'ajouter aux insultes depuis quelque temps. Si elle lève la main sur moi, il s'interpose aussitôt.

– Laisse-la tranquille.

Linda m'insulte, crache son venin...

– Pourquoi tu la protèges ? Tu couches avec elle ?

Godwin hausse les épaules. Je m'éclipse discrètement. Dans ces cas-là, elle ne m'ouvre pas le cuir chevelu à coups de talon. De toute façon, elle sait qu'elle aura sa revanche plus tard.

Toutes les occasions sont bonnes pour m'humilier, me rabaisser. À longueur de journée, elle me répète que je suis nulle, idiote, que je sens mauvais, que je ne suis qu'un animal.

Un soir, je suis en train de repasser quand j'entends Linda rentrer. Elle se plaint à la Mamie : il y avait trop de monde dans les magasins, elle est crevée d'avoir piétiné tout l'après-midi. Elle a l'air de mauvaise humeur. Peu après, comme je m'y attendais, elle hurle mon prénom. Je laisse mon travail en plan pour me précipiter au salon. Allongée sur le canapé, Linda allume la télé avec la télécommande et me jette un regard dédaigneux.

– Va chercher mon huile de massage ! grogne-t-elle.

Lorsque je reviens, le flacon à la main, elle retrousse sa robe, dénudant ses jambes jusqu'aux genoux.

– Masse-moi ! m'ordonne-t-elle.

Je m'agenouille à ses pieds et j'obéis. Je ne sais pas trop comment m'y prendre, et ses gros pieds, ses gros mollets me dégoûtent : je répugne à la toucher. Je commence par presser ses orteils entre mes doigts, je continue avec la plante de ses pieds. Elle ne dit rien, captivée par le film qui commence. Petit à petit, je vois ses paupières s'alourdir, ses yeux se fermer. Je la masse encore quelques minutes puis, sans faire de bruit, je me relève.

– Qui t'a dit d'arrêter ? hurle-t-elle en ouvrant soudain les yeux.

Je me jette à genoux et je reprends le massage. Elle exige que je lui masse aussi les mollets et les cuisses. Ces énormes morceaux de viandes me dégoûtent, mais j'obéis. Je n'ai pas le choix. Je m'occupe d'elle pendant toute la durée du film. À peine le générique de fin commence-t-il à se dérouler sur l'écran, qu'elle se lève et quitte la pièce sans un mot.

Il n'y a jamais de remerciement pour Tina dans cette maison. Il n'y a jamais rien pour Tina ! Lorsque Linda revient des courses, elle m'appelle pour que je les range. Elle vide les sacs, séparant les différents achats en disant : « Ça c'est pour les enfants, ça c'est pour Sophie, ça c'est pour moi. » Je sais ainsi où je dois ranger les choses. Jamais Linda ne dit : « Ça, c'est pour toi, Tina. » Cette phrase-là n'existe pas. Il n'y a rien pour moi. Je n'ai rien à moi. Ma garde-robe est constituée de vêtements usagés. Le mobilier de ma chambre se limite à un vieux carton dans lequel je range mes affaires. Le peu que je possède, ce sont des choses jetées que j'ai récupérées. C'est comme ça qu'un jour je trouve un cahier dans une poubelle. Sa couverture est défraîchie, il lui manque des pages… mais c'est un trésor pour moi. Le cœur battant je le prends, le cache sous mon tee-shirt et me dépêche d'aller le fourrer dans au fond de mon carton, sous les vêtements. Je pense à ce cahier toute la journée. J'ai hâte de le retrouver. C'est comme un ami qui m'attend. Le soir, dès que je descends, je me précipite et je commence à écrire – chiper un stylo n'a pas été très compliqué. Mes premiers mots sont pour Linda : « Elle me déteste. Elle me traite d'animal. » J'ai du mal à lier mes phrases. Ça se bouscule dans ma tête et au bout du stylo. Je voudrais écrire toute ma rage, toute ma haine, toute ma solitude.

« Elle reste pendant des heures dans les W-C. Je l'entends parler au téléphone avec ses amies. Elle n'a pas honte ? Non ! Elle n'a honte de rien ! Elle ne tire même pas la chasse d'eau quand elle a terminé ! Et c'est moi qui suis obligé de le faire quand je fais la chambre ! »

Écrire me fait tellement de bien que, malgré la fatigue, je trouve toujours la force, le soir, de me confier à mon cahier. Je rédige quelques lignes, ou une page entière. Je relate les événements de la journée. Je me défoule sur Linda. Puis je range mon précieux cahier, mon seul ami, sous mes vêtements, dans le carton, persuadée que personne ne viendra le chercher ici.

6

Mon cahier secret

Je n'ai jamais entendu Linda Okpara dire « Je t'aime ». Pas même à ses enfants. Quand elle veut leur témoigner son affection, elle leur fait un cadeau, leur achète un jouet ou les emmène manger chez McDonald's. Le reste du temps, elle n'en veut pas autour d'elle.

– Va lire dans ta chambre !

Combien de fois l'ai-je entendue prononcer ces mots ? Les enfants ne doivent pas déranger, et surtout pas faire de bruit. Il lui arrive parfois de s'intéresser à leurs devoirs. Elle attrape alors un cahier, jette un œil dessus, pose une ou deux questions. Et cela se termine toujours de la même façon. Elle hurle ! Parce qu'ils ont donné la mauvaise réponse, parce qu'ils ont une mauvaise note, ou qu'ils ne savent pas leur leçon. Jamais elle ne s'assied à côté d'eux pour refaire un exercice, jamais elle ne prend le temps d'expliquer une leçon mal comprise. Il faudrait qu'ils sachent et comprennent tout et tout de suite ! Cette femme est pleine d'impatience et de fureur. Il n'y a pas de place en elle pour la tendresse et l'amour maternels.

Nous sommes cinq enfants dans la villa du chemin des Petits-Chênes. La maison devrait être emplie de rires, de cris joyeux, de chamailleries. Il n'y a rien de tout cela. Il n'y a que les hurlements et les colères de Linda.

Les enfants se sont aperçus que je n'étais pas considérée comme eux. Je crois qu'ils en souffrent. La petite Sandy, un jour que sa mère me frappe, s'interpose carrément. Pauvre petit bout de chou ! Elle se précipite dans mes bras en pleurant mon prénom et en suppliant sa mère d'arrêter. Cela n'empêche pas Linda de continuer à me rosser. Je dois du coup protéger Sandy qui, blottie dans mes bras, risque de recevoir les gifles qui me sont destinées.

Sophie aussi s'apitoie sur mon sort. Me voir trimer à longueur de journée, cela lui fait mal au cœur, et elle essaye dès qu'elle en a l'occasion de soulager ma peine. Elle s'arrange pour faire seule sa toilette, alors que Linda insiste pour que je l'aide. En cachette, elle me donne parfois un coup de main pour plier du linge ou essuyer la vaisselle. Gare si Linda la surprend le torchon à la main !

– Sophie ! Dégage de là ! Ce n'est pas un travail pour toi !

Et au passage, ce jour-là, je récolte une gifle. La joue cuisante, je descends dans ma « chambre ». Sophie me suit, navrée. Elle n'y est pourtant pour rien. Elle ne doit pas se sentir coupable et je le lui dis. Nous restons là un moment à discuter, comme cela nous arrive parfois. Je suis sa confidente : elle me raconte ses journées d'école, ses histoires avec ses copines. Elle me parle aussi des garçons, ceux qu'elle trouve mignons. Je l'écoute. Je l'envie d'avoir cette vie à l'extérieur de la maison.

Ce jour-là, tandis que nous parlons, je ne fais pas attention quand Sophie jette un œil dans mon carton. Soudain, je la vois qui fronce les sourcils puis plonge une main dans mes affaires.

Avant que j'aie pu faire le moindre geste, elle attrape mon cahier, l'ouvre et commence à lire.

– Qu'est-ce que c'est que ça ? demande-t-elle.

Il me faut quelques secondes pour sortir de ma torpeur. Quand je me précipite sur Sophie et lui arrache mon journal intime des mains, il est trop tard. Elle a eu le temps d'en lire plusieurs passages.

– Tu as osé écrire ça sur maman ? demande-t-elle, incrédule.

Elle me regarde, mi-amusée mi-admirative, à ce qu'il me semble.

– T'inquiète pas, me dit-elle, je ne dirai rien. À personne !

Ce soir-là, pour une fois, j'ai une bonne nouvelle à noter dans mon cahier : Magda et Patrick viennent passer quelques jours à la maison ! Je prends mon crayon et j'écris : « Ce sont les meilleures personnes que je connaisse. Quand ils sont là, ma vie est moins pénible. »

Magda et Patrick viennent de Bruxelles. Ils ont connu la famille Okpara au début des années 1990, lorsque Godwin est allé jouer en Belgique. À cette époque, il a même été élu Soulier d'ébène, c'est-à-dire meilleur joueur d'origine africaine. Des années plus tard, Godwin a été transféré en France, mais Magda et Patrick ont gardé des liens amicaux avec mon père adoptif. Ils se téléphonent régulièrement pour échanger des nouvelles, et parfois, pour ma plus grande joie, ils viennent passer une semaine chez nous avec leurs enfants, qui ont à peu près mon âge.

Madga a des cheveux bruns coupés court, un visage de brave femme, un sourire plein de gentillesse et des yeux qui débordent de tendresse. Quand Magda est là, mon sort s'améliore. Linda n'ose pas me maltraiter devant elle. Elle m'impose moins de corvées, me harcèle moins. Pas de gifle. Pas d'insulte. Pas de coup de chaussure sur la tête.

Tout le temps de son séjour, Magda s'occupe de la cuisine – autant de travail en moins pour moi – et la maison est pleine d'agréables odeurs. Bien sûr,

Linda s'arrange pour que je ne passe pas à table en même temps que tout le monde, mais Magda me laisse toujours une assiette à l'intérieur du four à micro-ondes. Je n'ai qu'à faire réchauffer et me régaler. De temps en temps, elle glisse aussi une pièce ou un petit billet dans la main. Un doigt sur la bouche. Chut !

Plus encore que mon estomac, Magda réchauffe mon cœur. Quand elle me parle, quand elle s'adresse à moi, je sens de l'amour, du respect. Elle me traite comme un être humain à part entière. Je pense qu'elle n'est pas dupe. Elle a compris que je n'étais pas traitée à l'égal des autres enfants de la famille Okpara.

– Tu es malheureuse chez tes parents ? me demande-t-elle un jour que nous sommes seules toutes les deux dans la cuisine.

Je baisse les yeux. Magda s'approche de moi et s'accroupit. Son visage fait face au mien.

Je fais lentement oui de la tête.

– Je voudrais partir loin d'ici, dis-je

– Écoute, me dit-elle, je ne connais pas la loi française. Je ne sais pas à quel âge un enfant peut quitter sa famille.

Je hausse les épaules. Je ne sais pas quoi dire. Où pourrais-je bien aller si je quittais cette maison de cauchemar ? Je ne connais personne. Je parle très mal français, et les quelques fois où j'essaye de discuter avec une voisine, je vois bien qu'elle a du mal à me comprendre. Je suis prise au piège.

Ma gorge se noue. Ça me fait mal dans la poitrine, comme si quelqu'un me serrait le cœur dans son poing fermé. Et ça me rend encore plus triste de voir le regard de Madga se troubler, de voir une larme glisser sur sa joue. Elle pleure. À cause de moi, elle pleure. Elle sort un mouchoir de sa poche, se tamponne les yeux.

– Je vais me renseigner, dit-elle. Linda et Godwin t'ont adoptée. C'est compliqué. Tu ne peux pas leur être retirée comme ça.

Le lendemain, au moment de repartir à Bruxelles, Madga m'embrasse et me serre fort contre elle.

– Sois forte ! Sois courageuse ! me souffle-t-elle.

De nouveau, il me semble que son regard vacille. Elle m'embrasse une dernière fois sur le front, et elle me glisse à l'oreille :

– Je serai toujours là pour toi...

Magda et Patrick partis, je retourne à mon enfer quotidien.

Je ne sais plus pourquoi, ce jour-là, je me dispute avec Sophie. Une broutille. Un truc de gosses, sans importance. Cela ne me paraît pas grave sur le moment.

– Je vais le dire à maman ! crie Sophie d'un ton boudeur.

Elle tourne les talons et s'en va, furieuse. Je hausse les épaules. Je lui réponds que je m'en moque, je crois. Je ne me rappelle plus les détails. Je reprends l'aspirateur et ma tâche. Quelques instants plus tard, un hurlement fait trembler les murs de la maison.

– Tina !

Je me précipite dans le salon. Linda est là à m'attendre. Ses yeux lancent des éclairs de haine comme jamais. Derrière elle, la Mamie me regarde d'un air mauvais. Je tremble comme un animal pris au piège.

– C'est vrai que tu as un cahier ? me demande Linda.

Je voudrais que le sol s'ouvre là, tout de suite, sous mes pieds. Je voudrais que la terre m'engloutisse. Disparaître. M'évanouir. Me volatiliser. Je ne réponds rien. Je me mets à pleurer, en silence.

– C'est vrai que tu as un cahier ? répète Linda, les yeux hors de la tête.

– Oui...

– Va le chercher ! Tout de suite !

J'ai l'impression que toutes mes forces m'ont quittée. Je descends les marches. Sophie m'a dénoncée ! Pour une simple dispute ! Pour une jalousie de gamine ! Sophie m'a dénoncée, et maintenant je vais mourir... J'en ai la certitude. C'est la dernière fois que je vois la cave sordide qui me sert de chambre, que je respire cette odeur de moisi. Je prends mon cahier et je gravis les marches comme si je montais à l'échafaud.

Linda, pour moi, est comme une reine, c'est-à-dire que sa volonté dicte mes faits et gestes. Elle est toute-puissante. Ce qu'elle veut que je sois, je le suis. Et quand elle aura lu ce que j'ai écrit dans ce cahier, elle voudra que je sois morte.

De retour dans le salon, je lui tends mon journal intime. Elle me l'arrache des mains et le parcourt aussitôt. Elle pousse des hurlements de démente en tournant les pages.

– Tu sais ce qu'elle a écrit ? hurle-t-elle à la Mamie, en brandissant le cahier au-dessus de sa tête.

– Tu sais ce qui peut arriver si quelqu'un tombe un jour là-dessus ?

Elle balance le cahier à l'autre bout de la pièce.

– Saloperie ! Tu veux m'envoyer en prison !

La Mamie va ramasser le cahier. Je pleure tellement que je vois la scène toute floue à travers mes larmes. Une douleur me déchire le crâne. Linda vient de me frapper avec son arme favorite : une chaussure. Un escarpin Dior de couleur blanche. Le talon aiguille m'a fendu le cuir chevelu. Elle frappe et hurle encore. Lorsqu'elle m'ordonne de disparaître, je me précipite dans ma cave et me jette sur mon matelas.

Je passe une main dans mes cheveux. La vue de mon propre sang m'affole. J'ai peur. J'ai mal. Je saigne. Pourtant, je ne dois pas crier. Je ne dois pas faire de bruit. Il ne faut pas qu'elle m'entende.

Le lendemain, lorsque mon réveil sonne à cinq heures, je me lève et me dépêche de prendre une douche. Puis je monte à l'étage et je fouille les poubelles, m'attendant à y découvrir les débris de mon journal. Ce qui me chagrine le plus, c'est qu'entre les pages du cahier se trouvaient les photos de mon père et de ma mère. Dans la panique de la veille, je n'ai pas pensé à les ôter pour les mettre à l'abri de la fureur de Linda. J'ai beau fouiller partout, je ne retrouve aucune trace du cahier ni de mes photos. Tant mieux ! Cela signifie qu'on les a cachés quelque part, mais pas détruits.

Toute la journée, en rangeant les affaires des uns et des autres, j'en profite pour fouiller et rechercher mon bien. C'est dans l'armoire de la Mamie que je retrouve mes photos. Elles sont là, dissimulées sous une pile de linge. En revanche, aucune trace de mon cahier. Il s'est purement et simplement volatilisé.

Je retrouve, quelques semaines plus tard, un petit carnet à spirale, abandonné dans la poubelle. La moitié des pages seulement a été utilisée. J'hésite un instant, repensant à la fureur de Linda. Mais écrire me manque trop ! J'ai besoin de déverser le trop-plein de ma peine, de mon désespoir sur le papier. Alors je prends ce carnet, j'en arrache les pages utilisées et je le glisse sous mon tee-shirt. Cette fois, je prends soin de bien le dissimuler. Et le soir, avant de me coucher, je retrouve mon habitude d'écrire mes malheurs.

En revanche, je ne fais plus de prières. Ce n'est pas que j'oublie Dieu. C'est Lui qui m'a oubliée.

7

L'enfance brisée

Février 2003. Cela fait maintenant deux ans que je suis l'esclave de la famille Okpara. Deux ans que je trime pour eux du matin au soir et que je dors dans leur cave. Deux ans que je prépare leurs repas et ne mange que leurs restes. Deux ans que je m'occupe de leurs enfants, que je tiens leur maison, que je lave, repasse et range leur linge. Deux ans que je masse les grosses jambes de Linda et que je tire la chasse d'eau lorsqu'elle a fini de faire ses besoins...

Deux longues années de captivité, d'exploitation et d'humiliation. J'ai quinze ans et je ne suis plus un être humain. Je ne suis plus qu'une ombre. Tout s'est éteint en moi : la prunelle de mes yeux, ma voix, mon sourire. Physiquement, je suis devenue un zombie au regard fuyant, une morte vivante écrasée de fatigue, flottant, ridicule et pitoyable, dans des fripes souvent trop grandes, de vieilles fringues défraîchies et démodées que me donne Linda. Psychologiquement, la peur et le désespoir m'ont brisée. Résignée, je ne survis qu'en volant ma nourriture et en grappillant dès que je le peux quelques instants de sommeil.

Mon isolement est total : je ne suis jamais allée à l'école depuis mon arrivée en France. Je n'ai pas d'amie, personne à qui me confier ou parler. Comment le pourrais-je, de toute façon ? Je ne suis pas autorisée à sortir et je ne parle pas français !

Durant les rares sorties auxquelles je participe, je reste sous la surveillance constante de Linda, ou l'espionnage sournois de la Mamie. Depuis que deux missionnaires sont venus nous démarcher à la maison, nous fréquentons régulièrement l'Église de Jésus-Christ des saints des derniers jours[1] à Versailles. Si j'accompagne la Mamie, c'est avant tout pour m'occuper des enfants. Linda ou Godwin nous conduisent en voiture et viennent nous chercher après l'office.

---

1. L'Église de Jésus-Christ des Saints des Derniers Jours est une église chrétienne fondée par Joseph Smith en 1830, qui se réfère au Livre de Mormon, prophète qui, selon la croyance, aurait vécu de 311 à 385 après J.-C. sur le continent américain. L'église mormone compterait 13 millions de fidèles dans le monde.

Cela me permet au moins de quitter un peu la maison du chemin des Petits-Chênes. D'échapper à mon enfer quotidien, d'entendre parler un peu de Dieu et de voir de nouveaux visages. À la sortie de la messe, la Mamie parle parfois avec d'autres personnes et relâche sa vigilance. Un jour qu'elle est occupée à discuter, j'en profite pour m'écarter un peu et m'approcher d'un groupe d'adolescentes de mon âge. À ma grande surprise, elles parlent anglais. Elles sont curieuses et désireuses de faire ma connaissance. Les questions fusent de toute part. Elles veulent savoir comment je m'appelle, d'où je viens, quelle école je fréquente...

Je n'ai pas le temps de répondre. La Mamie, sentant le danger, surgit. Elle répond à ma place : je ne vais pas à l'école, je suis des cours à la maison, je travaille sur l'ordinateur. Puis elle s'empresse de m'éloigner des autres jeunes filles. Enfin sûre que personne ne peut nous entendre, elle me fait la leçon : je ne dois parler à personne ! Ne rien dire ! Jamais ! Sinon...

Des gens de l'Église mormone ont pourtant bien failli découvrir dans quelles conditions je vivais. Et cela sans que j'aie besoin de le leur dire. La Mamie invite un jour une de ses amies de l'église, et sa fille Sonia, une adolescente de mon âge, à prendre le thé à la maison. Sans que je m'en aperçoive, Sonia me suit jusque dans le sous-sol.

– C'est horrible ici ! s'écrie-t-elle en découvrant le fourbi dans la cave. Ça pue le moisi ! Le pourri !

Puis elle remarque mon « lit ». À cette époque, j'avais récupéré une porte que Godwin et Linda avaient cassée en se disputant et l'avais glissée sous le matelas pour tenter de m'isoler de l'humidité du sol.

– Tu dors ici ? s'étonne Sonia.

– Oui, c'est ma chambre. C'est là qu'ils me font dormir, dis-je. Quand j'aurai dix-huit ans, je partirai, et ils ne me reverront jamais !

– Tu as bien raison ! me dit Sonia. Je suis de tout cœur avec toi !

La Mamie s'est-elle rendu compte que Sonia avait visité ma cave ? Sans doute. Car plus jamais Sonia et sa mère n'ont été invitées à la maison.

Linda peut rentrer à n'importe quel moment de la journée. En plein après-midi ou tard dans la soirée. Seule, ou accompagnée. Quelle que soit l'heure, quel que soit le nombre de ses invités, je dois être disponible, laisser illico ma tâche pour me mettre à son service. La plupart du temps, elle réclame à manger.

C'est le cas, aujourd'hui. En fin de matinée, ma mère adoptive entre dans la maison comme une tornade. Un homme que je n'ai jamais vu auparavant l'accompagne. Linda le présente à la Mamie comme un ami d'enfance et demande aux enfants de l'appeler Tonton. Il n'est pas très causant. On dirait même qu'il veut nous éviter.

Linda m'ordonne de leur préparer à manger et disparaît dans sa chambre. Lorsqu'elle en ressort, elle a troqué son boubou pour une tenue provocante. Quand elle se déplace, sa robe s'ouvre jusqu'en haut des cuisses. C'est si indécent que je n'ose plus la regarder. Après le déjeuner, Linda entraîne son invité dans la chambre d'amis. Ils y restent enfermés tous les deux un bon moment. Lorsqu'ils réapparaissent, en fin d'après-midi, Linda annonce qu'ils ont décidé d'aller faire un tour. Et ils s'en vont aussi soudainement qu'ils étaient venus.

La nuit est tombée, et Linda et Tonton ne sont toujours pas rentrés. J'ai douché les enfants et je m'apprête à les faire passer à table lorsque le téléphone sonne. Je décroche et je reconnais la voix de Godwin à l'autre bout du fil.

– Tina ! Passe-moi maman, s'il te plaît.

– Elle n'est pas là, je lui réponds.

– Où est-elle ?

Quelque chose me dit qu'il vaut mieux que je sois prudente.

– Je ne sais pas, dis-je.

– Passe-moi Sophie !

J'appelle Sophie et lui tends le combiné.

– Papa veut te parler.

Je reste à côté d'elle, redoutant quelque chose. J'entends la voix de Godwin grésiller dans l'écouteur. Sophie répond deux ou trois fois « oui », « non »… J'ai hâte qu'elle raccroche. Je voudrais lui faire comprendre qu'il ne faut pas parler de Tonton. Soudain, elle prononce ces mots fatidiques :

– Maman est partie se promener avec Tonton.

J'essaie de lui faire signe de se taire, de ne pas en dire davantage, mais il est trop tard. À l'autre bout du fil, Godwin interroge Sophie. Elle lui répond en toute innocence : non, elle ne connaît pas Tonton. Non, elle ne l'a jamais vu avant, c'est la première fois qu'il vient à la maison. Oui, il est gentil.

Sophie raccroche. Je reste là un instant à fixer le téléphone comme si une catastrophe allait en sortir. Heureusement, Godwin est en Belgique, loin d'ici. Dieu seul sait ce qui se serait passé s'il était à Paris ! Linda rentre quelques minutes seulement après ce coup de téléphone. Tonton est toujours avec elle. Elle a l'air très joyeuse. Même lorsque Sophie lui parle du coup de fil de son père, cela n'entame pas sa bonne humeur.

Tout se passe ensuite très vite. Soudain, la porte d'entrée s'ouvre à la volée. Dans l'encadrement, se tient une silhouette athlétique que je connais bien. Godwin ! Que fait-il là ? Pourquoi n'est-il pas en

Belgique ? Je comprends tout en une fraction de seconde. Il était en route lorsqu'il a appelé. C'était un piège !

Je m'attends à ce que la foudre s'abatte sur la maison, à une tempête de cris et de hurlements. Pourtant, rien de tout cela ne se produit. Linda, un peu gênée, présente son « ami d'enfance » à Godwin. Tonton tend une main hésitante que Godwin serre, la mâchoire crispée et les yeux injectés de sang. La soirée se passe dans une atmosphère lourde et tendue. Tonton passe la nuit dans la chambre d'amis et disparaît dès le lendemain matin.

Après son départ, Godwin m'ordonne de mener les enfants dans le petit salon du premier étage.

– Personne ne descend jusqu'à nouvel ordre, gronde-t-il.

Je regroupe donc Sophie, Steeve, Sandy et Samuel en haut, et je m'assure qu'ils n'essaient pas de descendre. Ils n'en ont d'ailleurs aucune intention. Les explosions de rage provenant du rez-de-chaussée sont bien trop effrayantes. Cris. Insultes. Fracas. Godwin et Linda hurlent à faire trembler les murs et j'entends tout ce qu'ils disent. Je peux ainsi reconstituer ce qui s'est passé.

Godwin a épluché les comptes bancaires. Il a découvert que sa femme avait fait des dépenses inhabituelles. Pourquoi ? Pour qui ? Godwin, menant sa propre enquête, a découvert que Linda entretenait une liaison avec un autre homme. Elle lui a même donné une grosse somme pour qu'il puisse louer un appartement. Fou de jalousie, Godwin a eu l'idée de rentrer à l'improviste pour prendre sa femme en flagrant délit. De son côté, Linda nie. Elle crie. Elle lui demande ce qu'il fait le soir lorsqu'il est seul en Belgique.

– Pauvre connard ! hurle-t-elle. Notre mariage, c'est fini !

La porte d'entrée claque, et on entend une voiture démarrer rageusement quelques instants plus tard. Linda est partie. Il ne reste que le silence, un silence lourd, oppressant. On dirait que la maison elle-même retient sa respiration.

Je descends dans la cuisine puis commence à remettre de l'ordre dans le champ de leur bataille. Je relève les chaises qui ont valdingué. Je ramasse les débris d'un téléphone portable qu'on a éclaté contre le mur. Godwin a dû se réfugier dans sa chambre, dont la porte est fermée.

La Mamie me rejoint bientôt. Le regard grave et la mine sombre, elle scrute les lieux, comme un inspecteur de police à la recherche d'indices.

– Maman ne rentrera pas ce soir, me dit-elle. Tu peux dormir sur le canapé du petit salon si tu veux…

Je profite de l'aubaine, trop heureuse d'abandonner pour une fois ma cave froide et humide, mais pas rassurée pour autant. À tout moment, je m'attends à voir Linda surgir, furibonde. Si elle me trouve là, elle passera ses nerfs sur moi. Cela ne fait aucun doute.

Je me demande si je vais parvenir à trouver le sommeil, mais, contrairement à mes craintes, je m'endors à peine allongée. Jusqu'à ce qu'un bruit me réveille. Est-ce Linda qui rentre ? Non ! Dans la pénombre, je distingue la silhouette de Godwin. Il m'observe.

– Lève-toi et viens avec moi, dit-il.

Quelle heure peut-il bien être ? Combien de temps ai-je dormi ? Que se passe-t-il ? Je suis si fatiguée que j'ai du mal à rassembler mes idées. Je me lève et je le suis, marchant comme une somnambule. Il se dirige vers la porte qui conduit à la cave. Je descends les marches à sa suite. Arrivé en bas, il allume la lumière. La clarté soudaine me fait cligner des yeux.

– Tu sais ce qui se passe ici ? me demande Godwin.

Comme je ne réponds pas, il insiste.

– Tu connais l'homme qui était avec maman ?

– Non.

– Tu sais que c'est son amant ?

– Non, je ne sais pas...

Je voudrais retourner me coucher. Pourquoi m'a-t-il fait descendre dans la cave pour parler de ça avec moi ? Je ne suis qu'une petite fille. Pourquoi n'arrangent-ils pas leurs histoires entre adultes ?

– Tu as déjà pensé à ton avenir, plus tard ? À ce que tu voudrais faire ? me demande-t-il encore.

Je ne sais pas quoi répondre. Mon avenir ? En ai-je vraiment un ? J'ai tellement envie de dormir.

– Tu ne voudrais pas te marier avec un homme célèbre ? Un footballeur, comme moi...

Un mari ? Et pourquoi pas des enfants ? Je n'ai jamais imaginé que je sortirais de cette maison vivante. Alors, de là à envisager que je pourrais mener un jour une vie normale, rencontrer un garçon et fonder une famille...

– Je pourrais t'aider, ajoute-t-il, te présenter des garçons. Mais pour ça, il faut que tu fasses quelque chose pour moi...

À ce moment, je vois sa main disparaître dans son pantalon. Une vague de dégoût m'envahit lorsque je comprends ce qu'il est en train de faire. Je recule.

– Qu'est-ce que tu veux ? je demande.

– Jouer avec toi ! Tu verras.

– Qu'est-ce que ça veut dire ?

– Que je veux coucher avec toi !

– Non !

Je veux crier, mais Godwin ne m'en laisse pas le temps. Une poigne de fer me saisit à la gorge. Étouffant, hoquetant, je pleure, je supplie. Je lui dis qu'il peut avoir toutes les filles qu'il veut, qu'il doit me laisser. Je lui dis aussi que si Linda l'apprend, elle deviendra folle… Aucun de mes arguments ne semble pouvoir le toucher. Je me débats avec l'énergie du désespoir. En vain. Il écarte mes jambes de force. On m'a enlevée à ma famille ! On m'a privée de mon enfance ! On m'a privée d'école, d'éducation, d'avenir ! Je ne veux pas descendre plus bas encore. Je le repousse. Je me tords dans tous les sens pour tenter d'échapper à son étreinte, mais que puis-je faire contre un homme de sa force ? Il s'allonge sur moi, m'écrase de tout son poids. Soudain, la douleur. Fulgurante. Déchirante. Brûlante. Combien de temps dure cette ignominie ? Combien de temps mon innocence agonise-t-elle ? Je l'ignore. Mon esprit s'est coupé de mon corps. J'ai l'impression de perdre conscience, ce n'est pourtant pas le cas…

Puis Godwin se redresse. L'espace d'une seconde, je croise son regard. Il est vide. Je n'y lis ni remords ni haine. Pas même la satisfaction d'avoir assouvi son ignoble pulsion. Le néant. Au moment où je me relève, il me pince la joue entre ses doigts. Pas comme un père qui chahute avec sa fille. Pas pour jouer. Pour me faire mal. Il serre fort et, de son autre main, me bloque la gorge.

– Si je veux, je peux faire de ta vie un enfer, gronde-t-il. Alors, tu ne dis rien à personne…

Je sens la pression de sa main qui m'étrangle de plus belle.

– Si tu parles, je te tue ! lâche-t-il, avant de disparaître.

Je reste là, seule, sous la lumière crue de l'ampoule. Brisée. Désarticulée. Souillée. Petit à petit, mes larmes se tarissent. Je ne bouge plus. Je ne pense plus. Mon corps ne souffre pas. Bien moins que ma tête, en tout cas. Des sentiments violents, d'une violence que je n'avais jamais connue auparavant, m'envahissent. Haine. Dégoût. Godwin Okpara m'a adoptée, il a promis que j'irais à l'école. Il a menti, je suis devenue une esclave dans sa maison. Le public va au stade et paye pour le voir jouer au foot. C'est une vedette qui passe à la télévision. On l'admire ! On l'aime ! Moi seule sais qui est vraiment Godwin Okpara : un salaud, un violeur !

Je ne peux pas le dénoncer. Je ne peux même pas me plaindre. Auprès de qui irais-je chercher du secours ? Linda ? Elle me crèvera les yeux, elle m'arrachera la langue ! La Mamie ? Cela revient au même puisqu'elle ira aussitôt tout raconter à Linda…

Je me lève et me dirige vers mon carton. Je prends mon petit carnet pour lui confier, à lui, à lui seul, toute ma souffrance et mon désespoir.

Puis je retourne me coucher sur mon matelas. Je me mets en boule, comme un bébé dans le ventre de sa mère. Mes larmes coulent à nouveau, des larmes de vinaigre qui me brûlent les yeux. Je voudrais que la douleur cesse. Je voudrais que les larmes s'arrêtent de couler. Je voudrais que tout s'arrête… même ma vie.

8

« Tu es laide ! »

« Papa » est devenu un mot trop lourd. Après ce qui s'est passé, je suis incapable de le prononcer. Chaque fois que je croise Godwin dans la maison, je repense à ce qu'il m'a fait. Je sens la blessure dans ma chair, et dans mon cœur aussi. Il m'a menti. Il m'a trahie. Il n'a jamais eu la moindre intention de me scolariser, de m'offrir une vie meilleure comme il l'a dit à mon père. Depuis le début, il était prévu que je serais leur esclave. Il m'a regardée grandir, attendant le jour où il pourrait se servir de moi pour assouvir ses pulsions. Je vis désormais dans la hantise qu'il ne s'attaque de nouveau à moi. Je vis désormais entre la terreur que m'inspire Linda, qui est revenue, et la peur de me retrouver seule face à Godwin. Heureusement, la plupart du temps, il reste en Belgique.

Les jours, les semaines, les mois passent, sans qu'il m'agresse à nouveau. L'été arrive. Un été chaud, brûlant, comme en Afrique. Mais ici, en France, la canicule fait des ravages, et la télévision montre des images terribles. Des centaines et des centaines de personnes âgées succombent au feu du soleil. La villa du chemin des Petits-Chênes est écrasée de chaleur. Dans ma cave, il règne une moiteur écœurante. Je suis cependant bien trop fatiguée pour ne pas m'endormir sitôt que je m'allonge sur mon matelas.

Puis c'est une nouvelle rentrée scolaire. Elle se déroule cette fois sans Sophie : elle n'a pas été autorisée à passer en sixième, à cause de résultats scolaires trop mauvais. Linda a piqué une crise de nerfs, hurlé contre la directrice de l'école internationale, puis elle a placé Sophie dans un internat, à Londres. Pour moi, c'est un lit de moins à faire le matin, du linge en moins à laver, mais elle me manque un peu malgré tout.

Noël approche. Partout sur la planète, on s'apprête à fêter la naissance de l'Enfant Dieu, on parle de paix et d'amour, de solidarité et de fraternité. Les enfants s'endorment en rêvant au bonhomme à la houppelande rouge qui va leur apporter des cadeaux. Il y a longtemps que je ne fais plus ces rêves-là. Je me souviens de mon dernier Noël, au Nigeria. C'était chez mon oncle Bala, après la mort de maman. Ce jour-là, il m'avait autorisée à porter une jolie robe. Depuis que je suis en France, Noël ne signifie plus rien…

Cette fois pourtant, les fêtes qui approchent me rendent joyeuse. Je travaille avec entrain. Pour un peu, les coups et les insultes de Linda ne me feraient même plus mal. J'ai envie de chanter, car j'ai entendu Linda au téléphone : Magda, Patrick et leurs enfants viennent passer les fêtes de fin d'année avec nous !

Je suis folle de joie à l'idée de les revoir, mais, lorsque leur voiture stoppe devant la maison, je ressens soudain une morsure au cœur. Je n'ose pas aller à leur rencontre. J'ai l'impression que la souillure est inscrite sur mon front, dans mes yeux. J'ai peur lorsqu'elle me prend dans ses bras, lorsque je sens ses lèvres se poser sur ma joue, que Magda lise en moi comme dans un livre ouvert et découvre toute cette saleté. Je ne dois pas craquer ! Je ne dois pas m'effondrer à ses pieds. Par chance, Steeve, Sandy et Samuel arrivent et font une fête joyeuse à nos invités. Cela détourne l'attention de tout le monde et me permet de reprendre mes esprits.

J'ai tenu bon. Je n'ai rien dit à Magda. Ce premier cap passé, je sais maintenant que je parviendrai à garder ce secret au fond de moi.

Comme d'habitude, en présence de Magda, mon sort s'améliore.

Quelques jours avant Noël, Magda et la Mamie sont sorties. Linda m'appelle. Je la rejoins dans la cuisine. Elle veut que j'épluche des légumes.

– Et ne t'avise pas de traînasser ! gronde-t-elle.

Elle m'abandonne et monte à l'étage. J'entends le bruit de ses pas dans l'escalier puis le son de la télé dans le salon des enfants. Cela signifie qu'elle est vautrée sur le canapé et ne va pas tarder à ronfler comme un bûcheron.

Godwin arrive quelques instants plus tard. Il se tient un instant sur le pas de la porte et me regarde sans rien dire. Son regard, sur mes épaules, pèse une tonne. Je me concentre sur mon travail sans relever la tête. Il entre dans la pièce, passe devant la cuisinière.

– Il faut qu'on aille acheter du gaz, déclare-t-il soudain.

Je le regarde, incrédule. Qu'est-ce qui lui prend de s'occuper de l'intendance de la cuisine, à cette heure ? C'est louche !

– Du gaz ? Mais la bouteille a été changée il y a deux jours !

Il sait très bien que nous avons toujours une bonbonne de rechange.

– Justement ! Il faut remplacer la bouteille vide...

– Magda y est allée ce matin et on lui a dit qu'il n'y aurait pas de gaz avant deux ou trois jours.

Il est dix-neuf heures passées. Il fait nuit dehors.

Godwin insiste. Mon intuition me hurle qu'un piège est en train de se mettre en place.

– Maman m'a demandé de préparer les légumes. Elle va être furieuse si je n'obéis pas.

– Elle dort. Tu finiras après.

J'essuie mes mains sur un torchon et j'obéis. Je n'ai pas le choix. Je charge la bonbonne vide à l'arrière du 4 x 4. Je referme le haillon et monte dans la voiture. Quand Linda conduit, je ne suis pas autorisée à monter à l'avant. Elle prétend que je pue tellement que mon odeur imprègne les sièges. Godwin, lui, me tolère à son côté. Il arrive et s'installe sans un mot derrière le volant. Le 4 x 4 démarre et nous roulons en direction du Vésinet. Nous nous arrêtons bientôt dans une station-service où un vendeur nous confirme la rupture de stock. Il nous conseille de revenir dans deux ou trois jours, mais Godwin redémarre en annonçant que nous allons voir ailleurs. De plus en plus convaincue qu'il prépare un mauvais coup, je me blottis contre la portière, comme pour me tenir le plus éloignée possible de lui.

Nous roulons encore un petit moment dans la nuit. À travers la vitre, j'essaie de trouver des points de repères, de deviner où nous sommes et où nous allons. Mon cœur commence à s'affoler. Je voudrais tant reconnaître le chemin de la maison. Soudain, les pinceaux de lumière des phares balaient un panneau de signalisation. Il indique la direction de Paris. Cela signifie que nous tournons le dos à la maison. Je pense à Linda...Que va-t-il se passer lorsqu'elle se réveillera et constatera que j'ai abandonné mon poste ? J'aurai beau expliquer que je n'ai fait qu'obéir à Godwin, elle se mettra en colère et s'en prendra à moi. Mon seul espoir est que Magda soit dans les parages à cet instant, que sa protection m'épargne la correction.

Petit à petit, alors que la voiture s'enfonce dans la nuit, je sens la peur qui m'enveloppe, m'entortille. Elle s'insinue en moi, prend possession de mon esprit. Je lutte pour ne pas céder à la panique. Est-ce que je rêve, ou nous avons vraiment fait demi-tour ? Nous retournons vraiment vers la maison ? Je n'ose pas encore l'espérer...

– Il est tard, et maman veut que je prépare les légumes, dis-je pour briser le silence.

Godwin ne dit rien. Ou plutôt, il attend un long moment avant de me répondre.

– On va rentrer, t'inquiète pas.

Pourquoi ces mots ne me rassurent-ils pas ? Pourquoi me donnent-ils envie de hurler de terreur ? J'ai les nerfs à vif, comme si on les frottait avec de la toile émeri. Pourtant, au-dehors, je commence à reconnaître des éléments du décor. Un carrefour, un virage. Oui ! Nous retournons vers Chatou. Je suis sauvée !

Arrivés en vue d'une aire de repos, Godwin ralentit, met son clignotant et engage le 4 x 4 sur la zone de stationnement. Deux camions, comme deux mastodontes endormis, sont garés là. Godwin glisse le 4 x 4 entre les deux véhicules. Puis il coupe le moteur. D'un coup, les phares s'éteignent. La nuit nous engloutit.

– Va à l'arrière ! gronde Godwin.

Mon cœur bat à tout rompre. J'ai peur ! Mon Dieu, vous ne pouvez pas savoir à quel point j'ai peur !

– Va à l'arrière, je t'ai dit ! répète Godwin. On fait ça vite vite, et on rentre.

Le souvenir de la brûlure me revient d'un coup en mémoire. Ça me vrille le cerveau ! Ça se propage dans tout mon corps. Je ne veux pas que ça recommence ! Je hurle.

– Non !

– Va à l'arrière ! répète-t-il.

La colère lui tord la bouche en un affreux rictus. Ses yeux lancent des éclairs. Pourtant, je soutiens ce regard plein de menaces. En un instant, j'anticipe la situation : Linda est à la maison, Magda et Patrick également. Il n'osera jamais faire de scandale devant eux. Alors j'ouvre la portière, me rue à l'extérieur et m'élance droit devant. Par chance, j'arrive à me repérer et à prendre la direction de la maison.

J'avance avec détermination. Il ne me touchera pas ! Mes pieds frappent le bitume au rythme des battements de mon cœur. J'avance ! J'avance !

Chaque pas m'éloigne un peu plus d'une nouvelle séance de torture.

J'entends derrière moi le bruit d'une portière qui claque. Le moteur rugit. Godwin manœuvre le 4 x 4 entre les camions. Je ne cours pas. Je ne m'enfuis pas, en entendant la voiture se rapprocher. Je continue de marcher, droit devant moi. La lumière des phares éclabousse mon dos, mes épaules, accroche une ombre à mes pieds, l'allonge à n'en plus finir. La voiture passe devant moi sans ralentir. J'ai juste le temps d'apercevoir la silhouette de Godwin, derrière le volant. Je suis des yeux le 4 x 4 qui file et disparaît au loin. Je reste seule dans la nuit, dans le froid, marchant résolument vers la maison.

J'essaie d'imaginer la suite des évènements. Est-ce qu'on se demande où je suis passée ? Est-ce qu'on me cherche ? Linda interroge-t-elle son mari pour savoir s'il sait où je suis ? Et dans ce cas, que répond-il ? Dans ma tête, les idées, les questions bourdonnent comme un essaim d'abeilles. Je n'ai jamais dit, à personne, jamais, ce qui s'était passé dans la cave le soir où Godwin est descendu après la dispute avec sa femme. J'ai creusé une fosse, une tombe profonde dans mon cœur et j'y ai enfoui cet abominable secret. J'ai pleuré, seule, sur mon matelas, aux funérailles de mon innocence et de mon enfance. J'ai maudit celui qui m'avait menti, trahie, souillée, mais je n'ai rien dit. À personne. Jamais.

J'arrive, transie, à la maison. J'ai si froid que j'ai l'impression que ma peau est devenue bleue. Mon cœur me saute à la gorge lorsque j'aperçois Linda et la Mamie sur le seuil de la maison. Elles m'ont vue elles aussi. Elles m'attendent !

J'approche, essayant de décrypter les sentiments sur le visage de Linda. Son regard est dur comme la pierre, ses traits figés comme ceux d'une statue. À ses côtés, tout aussi impassible, la Mamie se tient les bras croisés.

– Où étais-tu ? Pourquoi rentres-tu à pied ?

Le ton est sec. Cassant. Ses mots fusent et claquent comme les balles d'un revolver.

– Chercher du gaz, je bredouille.

Linda me regarde un instant. Puis elle fait volte-face, prend la direction du jardin.

– Viens par ici, grogne-t-elle.

Je la suis, la Mamie sur mes talons, jusqu'à la porte-fenêtre de la chambre d'amis. Elle est ouverte, et Linda entre dans la maison. En une seconde, je comprends. Elle veut m'interroger, mais il ne faut pas que Madga ou Patrick entendent ou voient quoi que ce soit. Voilà pourquoi il faut éviter la porte d'entrée. Nous sommes à présent toutes les trois dans cette pièce. Linda referme la porte-fenêtre…

– Pourquoi rentres-tu à pied ? siffle-t-elle de nouveau.

J'ai l'impression d'être une criminelle face à ses juges. C'est moi qu'on soupçonne, qu'on interroge, alors que je suis la victime. Cette fois, c'en est trop. Elle veut savoir ? Eh bien, voilà toute l'histoire ! En quelques phrases, je raconte tout. La cuisine où j'épluchais les légumes. Godwin qui a prétendu aller chercher du gaz. Je précise bien que j'ai refusé. Oh ! ce n'est pas facile à raconter. Je hoquette de peur, je noie mes mots dans les larmes. Mais je continue, vaille que vaille. Je dis la voiture garée entre les camions. Et le reste. Tout le reste !

– Qu'est-ce que tu racontes ? hurle Linda.

Les yeux lui sortent de la tête. Je recule. Et je recommence mon récit.

– Il m'a dit : « On fait ça vite vite et on rentre ».

– Qu'est-ce que ça veut dire « On fait ça vite vite » ? Putain ! Mais qu'est-ce que ça veut dire ?

La chambre d'amis disparaît d'un coup. Je me sens comme emportée par une tornade, une tempête, un fleuve déchaîné. J'essaie de lutter de toute mes forces contre le courant, de nager, de survivre. Chaque mot qui sort de ma bouche risque d'être le dernier. En face de moi, Linda est comme une bombe qui menace d'exploser à tout instant.

– Je ne sais pas ce que ça veut dire… mais j'ai eu peur. C'est pour ça que je suis partie à pied.

Pitoyables explications. La terreur que m'inspire Linda m'interdit de dire la vérité.

– Je ne sais pas, je ne sais pas...

C'est tout ce que je suis capable de répéter.

– Menteuse ! hurle-t-elle. Pour qui tu te prends ? Tu crois que mon mari veut coucher avec toi ? C'est ça que tu crois ?

Je me recroqueville, prête à croiser mes bras au-dessus de ma tête avant que la grêle de coups ne s'abatte sur mon crâne. Elle crie de plus belle, postillonnant à tout va.

– Tu crois ça, hein ? Connasse ! Tu te crois belle ?

Je n'ose pas répondre.

– Je t'ai demandé si tu te crois belle ?

– Non !

– Mon mari est footballeur ! hurle-t-elle. Il peut avoir toutes les femmes qu'il veut ! Toutes les femmes, tu comprends ! Et tu crois qu'il veut coucher avec toi ? Avec un animal qui pue ?

Que pourrais-je répondre ? Aucune de mes paroles n'aurait de poids. De toute façon, la porte s'ouvre et Godwin Okpara, l'homme qui peut avoir toutes les femmes qu'il désire mais qui viole sa fille adoptive dans sa cave, apparaît.

– Tu sais ce qu'elle raconte ? l'interpelle sa femme. Elle dit que tu as voulu coucher avec elle.

Godwin fronce les sourcils. Une moue à la fois dégoûtée et indignée sur le visage. Hypocrite !

– C'est vrai que je lui ai dit d'aller à l'arrière, reconnaît-il. Mais c'est parce qu'elle s'était installée à l'avant. Je lui ai rappelé où était sa place !

Linda hurle encore. Des insultes. Des saletés. Mais je n'entends plus rien. Je ne sais même plus si je pense. Je ne sais plus rien. Soudain, je me rends compte que Godwin a quitté la pièce. La Mamie me considère gravement. Linda me secoue par le bras.

– Tu as blessé ton père ! me hurle-t-elle. Va lui présenter tes excuses.

Parfois, lorsque l'injustice est trop écrasante, on n'ose rien dire, on n'ose même plus protester. On vit chaque seconde en espérant que tout va s'arrêter. C'est en souhaitant à chacun de mes pas que la foudre s'abatte sur moi et me fasse disparaître à jamais que je me rends dans le salon. Godwin attend, assis sur le canapé. Je m'agenouille devant lui. Tête baissée.

– Papa, je te demande pardon.

J'ai le cœur déchiré. Je pleure. Est-il possible d'avoir encore tout ce chagrin en moi ? J'ai déjà tellement pleuré…

Magda et sa fille viennent me trouver un peu plus tard dans la soirée. Elles ont entendu les cris, et devinent qu'il s'est passé quelque chose. Magda prend ma main dans la sienne. Je sens sa chaleur.

Je regarde ses yeux et j'y vois une grande inquiétude. Beaucoup de tristesse aussi.

– Tina, commence-t-elle, qu'est-ce qui se passe ici ?

– Rien...

– Dis-moi tout ! Dis-moi tout ! supplie-t-elle.

J'hésite un instant. Linda ne m'a pas crue. Est-ce que Magda va me croire ? Elle connaît Godwin depuis si longtemps. Ils sont amis. Elle sait que c'est un homme qui aime les femmes, les jolies femmes. Après les matchs, il va faire la fête avec des filles. Pourra-t-elle croire qu'il veut coucher avec moi, avec Tina la laide ? Tina la nulle ! Tina qui pue !

Je lui explique en quelques mots l'épisode de la bouteille de gaz. Magda m'attire contre elle et dépose un baiser sur mon front. À cet instant, Linda m'appelle et notre conversation prend fin. Malheureusement, je n'aurai pas l'occasion de revoir Magda en tête à tête.

Le soir de Noël, une surprise m'attend au pied du sapin. Il y a une enveloppe avec mon nom dessus. Je l'ouvre en tremblant et découvre un billet de cinquante euros. Plus incroyable encore, ce n'est pas Magda qui l'a déposé parmi les cadeaux, mais Linda elle-même. C'est inattendu et cela ne lui ressemble pas. Je ne me fais pas d'illusion, c'est à la présence de Magda que je dois ce cadeau, et c'est elle que je remercie dans mon cœur.

Quelques jours plus tard, Magda, Patrick et leurs enfants sont repartis en Belgique. Linda m'envoie faire des courses au supermarché.

– Tu paieras avec le billet de Noël, me dit-elle.

Rien ne changera jamais pour moi dans cette maison de cauchemar. Rien ! Si, quelque chose. Un détail, mais qui a pour moi une énorme importance. La Mamie est venue me trouver dans ma cave. Elle a planté son visage plein de rides en face du mien. Et elle m'a dit :

– Moi, je te crois. Pour Godwin... Je te crois.

9

La fugue

– Tina ! Viens ici ! Tout de suite !

Quand Linda m'appelle sur ce ton, il vaut mieux que j'arrive toutes affaires cessantes. Je pose le fer à repasser et descends dans le salon où elle m'attend, une paire de ciseaux à la main. Elle m'attrape par le bras et me fait tourner sur moi-même sans ménagement.

– Trop longs ! C'est dégueulasse !

Elle parle de mes cheveux. J'ai l'habitude, je sais ce que je dois faire. Je m'agenouille devant elle. Avec une mine dégoûtée, elle enfonce les lames dans la masse informe de mes cheveux et coupe, cisaille. « Tchac ! Tchac ! Tchac ! » Je vois les mèches tomber sur le sol. En moins de deux minutes, la cause est entendue, et ma tête ne ressemble plus à rien. Des épis qui partent dans tous les sens, des mèches plus longues que les autres, avec par-ci par-là des trous qui laissent apparaître le cuir chevelu. Je me relève en larmes, la tête basse, et je retourne à mon repassage.

– Merci maman, dis-je en quittant la pièce.

Je me sens humiliée, rabaissée, écrasée par la honte et le chagrin... Si au moins le fait d'être enlaidie par Linda éloignait son mari de moi. Hélas ! ce n'est pas le cas. Car, bien sûr, il est revenu dans la cave. Je me suis défendue, j'ai essayé de lui échapper. Il m'a frappée. Et il a recommencé. Malgré mes cris, malgré mes larmes.

Mon calvaire est désormais quotidien, car, à la fin de la saison 2004 de football, Godwin a été remercié par l'équipe de Liège. Il n'a plus de club. Linda, qui gère sa carrière, y voit l'occasion de négocier un nouveau transfert, un nouveau contrat. Elle envisage d'envoyer son mari jouer à Dubaï, où un footballeur peut gagner beaucoup d'argent...

En attendant, Godwin traîne à la maison et chaque fois qu'il se retrouve seul avec moi, il en profite. Tous les jours. Plusieurs fois par jour, même. Si souvent, que je ne pourrais plus dire combien de fois.

Je n'en peux plus. Si je ne m'enfuis pas, je vais mourir. Mais je sais que je n'ai pas droit à l'erreur : si je fugue et qu'ils me reprennent, ils me renverront au Nigeria, où ils ont des « amis », et où ils peuvent tout acheter avec leur argent.

Au début de l'été, mon plan d'évasion est prêt. Je n'attends plus qu'une opportunité. Mardi 13 juillet 2004, enfin, ce jour tant espéré arrive ! Linda m'appelle. J'accours et la trouve prête à partir, dans l'entrée. Elle me tend un billet de vingt euros.

– Pour les courses ! me dit-elle avec mauvaise humeur.

Puis elle sort. Lorsque Linda s'en va, j'ai l'impression que même la maison pousse un soupir de soulagement. En son absence, pourtant, son emprise demeure et il règne toujours une étrange atmosphère. La peur qu'elle nous inspire nous a montés les uns contre les autres. Personne n'a confiance en personne. Chacun devient l'espion de l'autre. Chacun est le gardien de l'autre. Chacun pour sa peau. Et la mienne vaut encore moins que celle des autres.

Je commence par vérifier où se trouvent les autres. Godwin est sorti faire un footing. En attendant de retrouver un club, il se maintient en forme en courant régulièrement. La Mamie regarde la télévision dans le salon. Les enfants sont dans leurs chambres. Je descends à la cave et je fourre mes affaires dans un petit sac de sport. Je reste un instant à contempler mon bagage. Je vais partir d'ici ! Partir loin ! Ils ne me retrouveront jamais ! J'ai du mal à y croire. De quoi ai-je besoin pour ma fugue ? Il me faut mon passeport. Comme c'est moi qui range toutes les affaires de la maison, je sais où trouver mes papiers d'identité. Puis je pense aux photos qu'on m'a confisquées, les portraits de mes parents. Je monte dans la chambre de la Mamie et j'ouvre son armoire. Mon cœur bat fort, mais j'ai prévu une excuse si on me surprend à fouiller dans ses affaires. Je dirai que j'avais oublié de ranger quelque chose. Je retrouve mes précieuses photos à l'endroit où je les avais laissées la dernière fois. Vite ! Je les cache sous mon tee-shirt et je redescends à pas de loup, pour aller chercher un sac-poubelle dans la cuisine. De retour dans la cave, je range les photos dans le sac de sport, que je glisse dans le sac-poubelle.

Quelques instants plus tard, je vais déposer ce sac-poubelle sur le trottoir, devant la maison, comme s'il s'agissait des ordures ménagères. Enfin, je retourne à mon travail, comme si de rien n'était. Je fais d'énormes efforts pour avoir l'air normale. J'ai peur que mon visage ne me trahisse, qu'un geste de précipitation, un mot de trop n'éveille les soupçons.

Je vais trouver la Mamie.

– Je sors, je lui dis. Maman m'a demandé de faire des courses.

Elle ne me répond rien. Au moment de franchir la porte, je redoute qu'elle ne me rappelle, ou que sa vieille main ridée ne m'agrippe l'épaule et me tire en arrière. Mais rien de tout cela ne se produit.

C'est si facile que j'ai du mal à le croire. Un coup d'œil à gauche, un autre à droite. Personne à l'horizon. J'ouvre le sac-poubelle pour récupérer mon bagage. Et sans attendre, je prends la direction de la gare. Chaque pas m'éloigne de la maison. Chaque pas me rapproche de la liberté.

Me voilà à la gare. Je consulte les panneaux d'affichage. Mon regard s'arrête sur un nom. Meaux. Où est-ce ? Je n'en sais rien, mais je me rends au guichet et demande un billet pour cette destination. Imitant les autres voyageurs, je composte mon billet puis prends place dans un wagon. Je m'installe contre une fenêtre, mon sac de sport sur les genoux.

Enfin, les portes du train se ferment, le convoi démarre et prend de la vitesse. Autour de moi, dans le wagon, les gens lisent, discutent... D'autres somnolent. Pour eux, ce voyage est habituel, banal. Pour moi, c'est la grande évasion !

Le train roule et berce mes rêves de liberté. Par la fenêtre, je vois défiler les paysages. Les maisons, les routes, les gens. Un vrai spectacle ! Le plus beau que j'ai jamais vu. Le train marque plusieurs arrêts. Des voyageurs descendent. D'autres montent, prennent leur place...

La gare de Meaux, où je descends enfin, se vide en quelques instants. Je reste là, seule, perdue, mon sac de sport au bout du bras. Je m'assieds sur un banc le temps de faire le point. L'air que je respire menace de faire exploser mes poumons. J'ai l'impression d'être loin de la villa de Chatou. À l'autre bout du monde. J'ignore que je suis seulement à une soixantaine de kilomètres, même pas une heure de voiture. Que font-ils là-bas ? Je les imagine en train de me chercher. Ils sont peut-être descendus à la cave, là ils ont découvert que mes affaires avaient disparu. Linda crie, me maudit. Elle brasse le vent avec ses grands bras et menace de me briser tous les os quand je reviendrai. Mais je ne reviendrai pas. J'en ai la ferme résolution.

Le temps passe et je comprends petit à petit que je suis tout de même dans une impasse. Je ne peux pas rester là, dans la gare, sans paraître suspecte. Des jeunes, qui zonent dans les parages, me jettent des regards en coin. Ils doivent se demander qui je suis, d'où je viens. Ils doivent me trouver bizarre, avec mes vêtements d'un autre temps et mon crâne tondu.

À intervalles réguliers, un train s'arrête et libère de nouveaux voyageurs. Je regarde ce flot humain qui se rue hors de la gare. Et si je demandais de l'aide à une de ces femmes ? Instinctivement, je m'adresse aux femmes de couleur. Naïvement, je me dis qu'elles seront plus enclines à me secourir à cause de la couleur de ma peau. Quelques-unes passent devant moi, sans même m'adresser un regard lorsque je les interpelle. D'autres ne comprennent rien à mon charabia et s'éloignent prestement. L'une d'entre elles s'arrête enfin.

Je lui explique que je suis perdue, que je n'ai nulle part où aller.

– Mais que fais-tu ici, toute seule ? s'étonne-t-elle.

– J'ai fugué parce que mes parents me maltraitent...

Son regard fuit le mien.

– Je ne peux pas t'aider, me dit-elle. Je vis toute seule avec ma fille. C'est tout petit chez moi. Vraiment, je ne peux pas t'héberger.

Elle s'éloigne rapidement, sans se retourner, en répétant « Je ne peux pas... Je ne peux pas... », comme si elle voulait s'en convaincre elle-même.

Je comprends vite que personne ne me viendra en aide. Pourtant, je ne panique pas. Je me sens tranquille, apaisée, libérée. Je pars faire un tour en ville. Tout est nouveau pour moi. La moindre vitrine est un spectacle. La fatigue commence à se faire sentir, et mon sac pèse de plus en plus lourd. Mes pas me ramènent, sans que j'en aie réellement conscience, à la gare. Je m'assieds sous un Abribus. Le ciel commence à s'assombrir. La nuit ne va pas tarder à tomber. J'envisage de dormir dans la gare, sur un banc. Cela me semble la meilleure solution.

Une voiture s'approche alors et ralentit. Le conducteur, un jeune, s'arrête à ma hauteur, laissant le moteur tourner.

– Salut, dit-il. Ça fait un bout de temps que t'es là…

Je dois trouver quelque chose à raconter à ce garçon. Vite ! Le problème, c'est que si je comprends à peu près le français, je le parle terriblement mal. J'essaie pourtant d'inventer une histoire, en mélangeant l'anglais et les quelques mots de français que j'ai retenu au fil du temps.

– Je voulais faire une surprise à une copine, je lui explique comme je peux, mais elle n'est pas chez elle et je me retrouve toute seule…

Va-t-il croire à mon mensonge ? Comprend-il seulement ce que je raconte ? Je voudrais qu'il redémarre, et qu'il ne me fasse pas d'ennuis.

– Si tu restes là, tu vas finir par avoir des problèmes, me dit-il.

– Des problèmes ?

– Les flics. Ils vont t'embarquer…

La police ! Surtout pas ! Le garçon semble réfléchir un instant, puis il me dit :

– Moi je ne peux pas t'héberger, mais je peux te conduire chez un copain.

Je pèse le pour et le contre. Partir avec un inconnu, pour aller dormir chez un autre inconnu, ne me rassure pas. D'un autre côté, ce garçon a sans doute raison pour la police, et je n'ai aucune envie d'être arrêtée dès mon premier jour de liberté !

Je me lève et le garçon se penche pour m'ouvrir la portière.

– Je m'appelle Kevin, dit-il en démarrant.

Quelques instants plus tard, il se gare devant un petit immeuble. Je le suis, jusqu'à l'appartement de son copain. Ce dernier, lorsque Kevin lui explique la situation, accepte de m'héberger pour la nuit.

L'appartement est minuscule – un couloir, un coin cuisine et une chambre –, mais habitué apparemment à recueillir des squatters de passage comme moi : dans un placard, astucieusement débarrassé de ses étagères, un matelas a été disposé sur le sol. Une chambre d'amis de deux mètres carrés !

Nous mangeons tous les trois. Je n'ai rien avalé depuis le matin, pourtant je n'ai pas vraiment faim. Je grignote tout de même un sandwich, du bout des lèvres. Le copain de Kevin parle anglais, presque aussi bien que moi le français. En mélangeant les deux langues, et en faisant surtout beaucoup de gestes, nous réalisons un vrai petit miracle : celui de tenir une véritable discussion jusque tard dans la soirée. Kevin me paraît de plus en plus sympathique. Son copain sort du tabac, du papier à rouler, et confectionne une cigarette. Lorsqu'il l'allume, une forte odeur emplit la pièce. Il tire deux ou trois bouffées avant de proposer sa cigarette, coincée entre son index et son pouce, à

Kevin. Celui-ci tire à son tour une bouffée en fermant les yeux d'aise.

– Tu en veux ? me demande-t-il.

Je décline l'offre. Je n'ai jamais fumé de tabac. Alors, du cannabis, vous imaginez !

Nous discutons encore. Dehors la nuit est tombée. L'odeur forte et entêtante du haschich embaume la pièce. Kevin et son copain me font comprendre qu'ils ne sont pas dupes : ils ne croient pas un mot de mon histoire. Je proteste doucement et répète que c'est la vérité. Ces deux garçons doivent avoir l'habitude des secrets, car ils ne cherchent pas à en savoir davantage. Il est tard lorsque nous allons nous coucher, Kevin et son ami dans la chambre, et moi dans le placard aménagé. Bientôt, j'entends la respiration régulière de mes hôtes qui dorment paisiblement.

De mon côté, malgré la fatigue qui m'écrase, j'ai du mal à trouver le sommeil. Dès que je ferme les paupières, je vois Godwin et Linda. La Mamie aussi. Dans mon cauchemar, ils sont gigantesques. Ils enjambent les villes, les champs. Ils me cherchent. Obstinément. Rageusement. Je sais qu'ils n'ont pas prévenu la police parce qu'ils veulent me capturer eux-mêmes et me punir à leur façon. Ils mènent les battues. Je les entends ! Ils se rapprochent... Ils sont derrière la porte !

10

Au commissariat

Je me réveille le lendemain matin, aussi fatiguée que la veille. Les cauchemars de la nuit m'ont épuisée. Je déjeune et prends un bol de café en compagnie de Kevin et de son copain. Je ne sais pas pourquoi, mais il me vient l'envie de leur dire enfin la vérité, du moins une partie. C'est compliqué parce que mon mauvais français rend mon récit haché, difficile à suivre. Ils écoutent pourtant avec patience le résumé de ma misérable existence. Je leur explique que je vis chez mes parents adoptifs. Qu'ils m'ont fait venir du Nigeria après la mort de ma vraie mère, et en promettant à mon père que j'aurais une véritable éducation… mais qu'en réalité je n'ai jamais été à l'école. Je leur dis encore que je dors dans la cave, que je dois faire tout le travail à la maison...

– En fait, tu es leur esclave, s'emporte Kevin, c'est dégueulasse !

Son indignation paraît sincère et, tout comme son copain, il me pose mille questions. À quelle heure je me lève ? Cinq heures ! À quelle heure je me couche ? Quand ma mère adoptive le veut bien. Ce que je fais toute la journée ? Je repasse, je lave, je cuisine… j'entretiens la maison. Je masse les pieds de ma maîtresse et je tire sa chasse d'eau quand elle a fini de faire ses besoins.

– Et ton père ? me demande Kevin.

Silence. Les mots restent dans ma bouche, mon secret au fond de mon cœur.

– Il s'en fout. C'est un salaud.

– Il faut que tu te barres de chez eux, conclut Kevin.

C'est ce que j'ai fait, mais où puis-je aller maintenant ? Je n'ai pas de famille, pas d'amis. Personne. Je ne peux pas continuer à dormir dans le placard de son copain.

– Il y a un numéro d'urgence pour les enfants maltraités, dit Kevin. J'ai vu ça à la télé. Tu peux appeler de n'importe quelle cabine.

Nous partons tous les trois quelques instants plus tard pour nous rendre à la cabine publique la plus proche. Kevin avait raison. Un avis précise effectivement qu'un service fonctionnant vingt-quatre heures sur vingt-quatre, sept jours sur sept, est à la disposition de l'enfance maltraitée. Il me suffit de faire un pas pour entrer dans la cabine, de décrocher le téléphone, et de composer trois chiffres, le 119, pour être sauvée. La fin de tous mes malheurs est là, à portée de main. Pourtant, je ne fais pas le moindre geste. À quoi sert de décrocher ce combiné ? À quoi sert de composer ce numéro ? Je sais bien que la personne à l'autre bout du fil ne comprendra rien à ce que je lui raconterai. Il n'y a pas pour moi de prison plus solide que la barrière de la langue. Allez ! Linda et Godwin Okpara savaient bien ce qu'ils faisaient en m'empêchant d'apprendre le français. Kevin se rend compte de mon trouble. Il entre dans la cabine.

– Tu veux que j'appelle ? me demande-t-il.

Il n'attend pas ma réponse. Je retiens ma respiration lorsque je vois son doigt courir sur le clavier.

– Je suis avec une jeune fille qui a un problème, explique-t-il. C'est une urgence.

Il écoute à son tour, répète des indications qu'on lui communique à l'autre bout du fil puis raccroche. Un sourire éclaire son visage.

– J'ai une adresse, triomphe-t-il. Un centre où on va s'occuper de toi.

Sauvée ! Ce garçon que la providence a placé sur ma route me sauve la vie ! Nous remontons en voiture et nous démarrons. Nous stoppons quelques instants plus tard devant un bâtiment moderne et sans âme. Kevin m'accompagne jusque devant la porte.

– Voilà, fait-il, c'est là que nos routes se séparent. J'appellerai ici demain pour prendre de tes nouvelles…

Je le remercie encore une fois et j'entre dans le bâtiment. À l'accueil, on m'explique qu'une personne, dont on me dit le nom sans que je le retienne, va me recevoir. Une femme arrive enfin et, avec un grand sourire, me demande de la suivre. Nous entrons dans un bureau, et la femme m'invite à m'assoir.

J'ose à peine la regarder. Je remarque sa jupe et ses chaussures à talons. C'est une femme très élégante, et sa voix est douce. Elle m'interroge en notant mes réponses. Mon nom. Mon prénom. D'où je viens. Ce que j'ai vécu. Lorsque je lui livre les détails de mon calvaire, une ombre attristée passe dans son regard. Elle souffre pour moi, avec moi. Soudain, elle lève son stylo de son bloc de papier comme si une mouche venait de la piquer.

– J'ai oublié de vous demander votre âge, me dit-elle.

– J'ai seize ans, je lui réponds.

Sa physionomie change soudain du tout au tout. Elle me regarde avec effroi, comme si je venais de lâcher la pire des grossièretés.

– Non, non, non, non, non ! s'exclame-t-elle alors.

On dirait une mitraillette. Elle pose son stylo, agite les mains. Je ne comprends pas ce qui se passe. Je m'affole. Je voudrais qu'elle arrête ses « Non, non, non, non, non ! », qu'elle reste assise, ne se dirige pas vers la porte.

Elle l'ouvre et, au moment de la franchir, se tourne vers moi, l'air vraiment contrariée. On dirait qu'elle vient de découvrir d'un seul coup mes habits crasseux, mon yeux gonflés de fatigue et de chagrin, et mon crâne tondu.

– Ici, c'est un centre d'accueil pour adultes ! lâche-t-elle enfin.

Elle pointe un doigt sévère dans ma direction.

– Ne bougez pas ! Restez là, bien tranquillement, je vais appeler...

– Pas mes parents ! Je ne veux pas retourner chez mes parents !

– Non, pas vos parents...

Je sanglote.

– Pas à la maison...

– Calmez-vous, mademoiselle, me dit-elle. Je vais chercher quelqu'un qui pourra vous aider.

Après un moment de panique, je me rassure. Le changement d'attitude inattendu de cette femme m'a effrayée, mais tout va s'arranger. On va me confier à la bonne personne pour s'occuper de mon cas, et tout ira bien. Je ne sais pas combien de temps je reste là, sur ma chaise, à attendre, à penser à mes parents adoptifs qui, cette fois, ont forcément compris que j'étais partie. Je m'interroge : sont-ils allés au commissariat pour signaler ma disparition ? Cela me paraît improbable, puis impossible. Quand on a quelque chose à se reprocher, on ne va pas à la police. Ce serait se jeter dans la gueule du loup.

Soudain, la porte du bureau s'ouvre, et la femme apparaît de nouveau.

– C'est elle, dit-elle.

Elle s'écarte de la porte pour laisser le passage et je vois alors deux hommes entrer. Deux hommes en uniforme bleu marine. Des policiers !

La voiture de police nous conduit directement au commissariat. Les gardiens de la paix m'indiquent un banc sur lequel m'asseoir. Autour de moi, des hommes et des femmes, en uniforme ou en civil, vont et viennent, s'interpellent... Beaucoup d'agitation, mais on ne s'occupe pas de moi. Je reste sur le banc, mon sac sur les genoux. Puis deux hommes en civil viennent me voir et me demandent de les suivre. Ils me conduisent jusque dans un petit bureau.

– Comment t'appelles-tu ? me demande l'un d'eux.

Ma bouche reste fermée.

– Tu as fugué ? poursuit le second policier.

– Mes parents me maltraitent, alors je suis partie...

– Qui sont tes parents ? Tu habites où ?

– Chatou. Ce ne sont pas mes vrais parents.

Je perçois leur agacement à leur façon de poser les questions. Ces deux hommes ont moins de patience que Kevin pour essayer de comprendre ce que je raconte. Ils n'ont pas de temps à perdre avec une petite fugueuse, sale et mal habillée. Ils ne voient pas que je suis une petite fille maltraitée ? Ce n'est pas inscrit sur mon visage, dans mes yeux pleins de larmes ?

– Dis-nous ton nom, ou ça va mal finir, répète l'un d'eux avec brutalité.

Je ne me laisse pas impressionner. Ces policiers, après tout, sont bien moins terrifiants que Linda. J'imagine que, si je leur dis qui je suis et d'où je viens, ils me renverront dans ma famille. Alors, l'air buté, je refuse de donner mon identité.

Finalement, l'interrogatoire prend fin. Les deux policiers me renvoient dans le couloir. L'attente reprend. Ma tête est de plus en plus lourde, et je sens le sommeil m'emporter. Je pique du nez, assise, sur le banc, dans le couloir plein de policiers.

Combien de temps me suis-je assoupie ? Impossible à dire. Suffisamment longtemps, en tout cas, pour qu'un policier, sans que je m'en aperçoive, se soit emparé de mon sac de sport. Je bondis sur mes pieds en voyant mon bagage ouvert, mes affaires éparpillées. Ils ont fouillé, et trouvé mon passeport ! Par la porte entrouverte, je vois les deux hommes qui m'ont interrogée tout à l'heure. L'un d'eux tient mes papiers d'identité à la main.

– Elle s'appelle Tina Okpara. On va vérifier s'il y a un avis de recherche...

– Okpara, fait l'autre, comme le footballeur du Paris Saint-Germain ?

– On dirait, oui.

Le policier qui a pris mon passeport s'est installé à un bureau et pianote sur un ordinateur.

– Bingo ! fait-il. Sa famille a signalé sa fugue hier.

Il marque un temps et ajoute :

– Et c'est bien la fille de Godwin Okpara, le joueur du PSG !

Lorsqu'ils reviennent, je vois que leur regard a changé. Ils me dévisagent à présent avec curiosité. Qu'est-ce qui les étonne à ce point ? Que la fille d'un footballeur connu soit si mal habillée ? Que je veuille m'enfuir loin d'un père riche et célèbre ? Peut-être que ce sont des supporters du Paris Saint-Germain ? Ils regardent les matchs à la télé, lisent les commentaires dans *L'Équipe*. Ils admirent Godwin Okpara, ses tacles, ses dribbles... Peut-être que je devrais leur dire ce qu'il me fait lorsqu'il me rejoint dans la cave !

Je me sens tout à coup lasse, exténuée. Toutes les forces se sont retirées de mon corps, et je m'abandonne au sommeil, m'endormant carrément sur le banc.

– Viens avec nous, me dit l'un des inspecteurs, en me secouant par le bras.

Je me lève et le suis le long d'un couloir, jusqu'à l'endroit où s'alignent les cellules. Le policier m'ouvre la porte et m'invite à entrer. C'est un réduit sordide, sombre et crasseux, avec un bat-flanc. Pas confortable. Mais je suis si fatiguée, si désespérée, que je m'y allonge et m'endors presque aussitôt.

Je reste longtemps dans cette cellule, où sont passés les poivrots, les dealers et les voyous du coin... jusqu'à ce qu'une voix familière me tire de mon sommeil.

– Tina ! Ma petite fille ! Oh, ma pauvre petite fille !

C'est la Mamie. Je ne l'ai jamais vue dans un tel état. Elle se tord les mains. Elle pleurniche. Menteuse ! Tricheuse ! Elle me prend dans ses bras et me serre très fort en répétant mon prénom, et combien elle est heureuse, soulagée, de me retrouver. Elle a eu tellement peur qu'il me soit arrivé du mal ! Pourquoi je leur ai fait une telle frayeur ? Oh, comme mes parents vont être soulagés !

La Mamie explique aux policiers que mes parents adoptifs sont en voyage, à l'étranger. Elle vient me récupérer en compagnie d'un ami de la famille, un fan de Godwin plus exactement. Il a croisé mon père adoptif en faisant un footing, et ils ont lié connaissance. Il est venu deux ou trois fois à la maison, et nous sommes allés chez lui, parfois, déjeuner avec sa famille.

Nous quittons le commissariat quelques instants plus tard. Dehors, je suis surprise de voir qu'il fait nuit. J'ai complètement perdu la notion du temps. Je suis comme une coquille vide. Je monte dans la voiture. Nous ne rentrons pas à Chatou. Il faut d'abord aller récupérer les enfants chez l'ami de Godwin. Lorsque nous arrivons, il est trop tard pour les réveiller et nous passons tous la nuit là. Je ne suis pas pressée de retrouver Chatou, de toute façon.

Le lendemain matin, la maison est déserte lorsque nous arrivons. Chacun vaque à ses occupations, mais on sent que les esprits sont ailleurs. On dirait l'équipage d'un bateau qui se prépare à affronter une tempête. La tempête Linda. Je ne pense qu'à elle. Impossible de la chasser de mes pensées ! La peur me tenaille le ventre. Va-t-elle me battre ? Sûrement, oui, cela ne fait aucun doute. Elle va me casser une spatule sur la tête. Elle va hurler, crier, m'insulter et me traiter d'animal. La journée passe ainsi, je tremble au moindre son de moteur qui approche, je sursaute au moindre bruit. Je suis en train de ranger du linge dans une chambre lorsqu'un coup de Klaxon retentit devant la maison. C'est comme si une poigne de fer s'enfonçait dans ma poitrine pour m'arracher le cœur. Des portières claquent. La porte d'entrée s'ouvre, et j'entends les voix de Linda et de Godwin. Je devine qu'ils rejoignent la Mamie dans le salon. J'entends les voix sans comprendre ce qui se dit exactement. Puis la Mamie monte me chercher.

– Linda veut te voir, me dit-elle.

Je redescends avec elle. Linda est vautrée sur un fauteuil, et Godwin debout près de la porte-fenêtre. Je n'ose plus faire le moindre geste. J'ai même du mal à respirer.

Linda braque vers moi sa face de pitbull.

– Pourquoi tu as fugué ? commence-t-elle d'une voix sourde, comme si elle essayait de contenir toute sa colère.

Je secoue la tête.

– Pourquoi tu t'es barrée ? répète-t-elle.

– Je ne sais pas...

– Tu es maltraitée, ici ?

– Non...

– Tu ne manges pas à ta faim, peut-être ?

– Si...

Elle continue. C'est un feu roulant de questions. Est-elle est injuste avec moi ? Quelqu'un est méchant avec moi ? Ne fait-elle pas tout pour que je sois heureuse ? Et ne devrais-je pas bénir Godwin de m'avoir adoptée ?

À chaque fois, oui, non, oui, non, je réponds comme elle le veut.

– Alors, pourquoi tu as quitté la maison ?

– C'est le diable qui m'a poussée…

C'est la seule explication qui me vienne à l'esprit. Soudain, un flot de hurlements déchaînés retentit dans la pièce.

– Tu sais quoi ? hurle Linda. C'est pas toi qui vas me foutre dans la merde ! C'est pas un animal qui va me foutre dans la merde ! Espèce de connasse ! Tu crois quoi ? Que tu es plus maligne que moi ?

Cela dure ainsi pendant un siècle. Les rugissements emplissent ma tête, résonnent dans mon crâne. Je pleure.

– Que va penser ton père si je lui dis comment tu te comportes avec nous ? hurle Linda au comble de la fureur. Tu crois qu'il sera fier de toi ?

L'allusion à mon vrai père s'enfonce dans mon cœur comme une flèche empoisonnée. Rien ne me fait plus de peine que d'imaginer que ma conduite puisse lui déplaire. L'idée que je pourrais causer du chagrin à mon père, à Lagos, et à ma mère, au Ciel, m'est insupportable. Alors je promets tout ce qu'elle veut, de me tenir tranquille, de ne plus fuguer.

Je commence, comme me l'ordonne Linda, par me mettre à genoux et, en larmes, je demande pardon à mes parents adoptifs, pour les soucis que je leur ai causés.

11

La chambre des tortures

Après les scènes violentes, c'est toujours la même chose : Linda boude ! Elle reste des jours et des jours sans m'adresser la parole. Si elle a quelque chose à me demander ou à me dire, elle passe par la Mamie. « Dis à Tina de faire ça… », « Envoie Tina faire les courses ». Et patati, et patata. Cela ne l'empêche pas de me coller une claque sur la tête de temps à autre, de préférence au moment où je m'y attends le moins.

Elle ne se prive pas non plus de m'insulter. Je suis nulle. Je suis laide. Je suis un animal, ou pire encore. Ce qui me fait le plus de mal, c'est quand elle s'en prend à mon père. Quand elle prétend que Simon Omaku ne m'a jamais aimée, qu'il s'est débarrassé de moi. La preuve : téléphone-t-il pour prendre de mes nouvelles ? Non, jamais ! Je ne suis pour lui qu'un boulet ! Et il est bien content de ne plus m'avoir dans ses jambes ! Comme il serait déçu s'il savait comment je me comporte !

Penser à mon père me fait mal au cœur et imaginer qu'il y aurait ne serait-ce qu'un atome de vérité dans les méchancetés de Linda me met à la torture. Comme je ne veux pas qu'elle voie mes larmes, ni lui montrer qu'elle m'a touchée, je vais pleurer dans mon coin.

Godwin, lui, ne change pas d'attitude envers moi, hélas ! Quand nous sommes seuls à la maison, chaque fois qu'il en a envie, il m'oblige à descendre avec lui à la cave. Longtemps j'ai lutté, je me suis battue. Je le repoussais avec mes bras, je serrais les jambes. Mais il est toujours le plus fort, bien sûr.

Alors, à présent, je dis non. Je refuse. Je veux qu'il sache que je ne suis pas d'accord. Mais je ne lutte plus physiquement. C'est inutile, puisqu'il a forcément le dessus. J'ai trouvé un autre système de défense. Quand il me jette sur mon matelas, je m'enfuis par la pensée loin, très loin. Je détache mon esprit de mon corps. Je suis un morceau de bois mort. Vide. Creux.

S'il savait à quel point il me dégoûte ! Quand il s'allonge sur moi, quand il se relève et se rhabille ! À quel point je le hais lorsqu'il me tend un billet de dix euros. Dix euros ! Voilà à combien il évalue mon enfance saccagée ! Que s'imagine-t-il donc ? Que je vends mon corps comme une prostituée ? Qu'il me dédommage avec son argent ? Parfois, c'est encore plus odieux, il se contente de dire : « Je t'ai déjà payée la dernière fois... »

Godwin me viole dès qu'il en a envie, et sans jamais prendre de précaution... si bien qu'un jour je vais le trouver et lui annonce froidement que j'ai un retard de règles de deux semaines. Si je pensais le mettre mal à l'aise, c'est raté.

– Je t'emmène chez le docteur, dit-il.

Nous montons en voiture, et il me conduit chez le médecin de famille. Celui qui soigne régulièrement Sophie, Steeve, Sandy et Samuel et que j'ai vu... une seule fois, pendant mon premier hiver en France, pour une bronchite.

En chemin, Godwin m'explique ce que je devrai dire pour justifier mon état. Il me suit jusque dans le cabinet du généraliste, pour vérifier que je récite bien ma leçon.

– J'ai eu un rapport sexuel avec mon petit copain, et je crois que je suis enceinte.

Le docteur m'ausculte vaguement et rédige une ordonnance pour un test de grossesse. Godwin règle la consultation, en lui recommandant de ne rien dire à Linda.

– Elle ne comprendrait pas, explique-t-il. Elle est de la vieille école.

Godwin me conduit ensuite jusqu'à un laboratoire d'analyses médicales. On me fait une prise de sang, et Godwin demande que les résultats soient envoyés au médecin.

– Surtout pas à la maison, précise-t-il.

Quelques jours plus tard, Godwin m'appelle de Belgique.

– Je viens d'avoir un appel du médecin, me dit-il. Le test est négatif. Tu n'es pas enceinte. Le docteur pense que ton retard est dû au stress. D'ailleurs, il t'a trouvée « triste et fatiguée ».

Et voilà. Fin de l'épisode. Godwin s'est bien débrouillé. Linda n'en saura rien. Les viols peuvent continuer…

Je ne souris plus jamais. Je ne suis plus jamais gaie. Je n'ai plus aucun espoir. Magda ne vient même plus passer quelques jours à la maison. Je crois que, comme beaucoup d'autres, Linda l'a fait fuir. Trop de disputes. Trop de cris. Trop de violence. C'est toujours ainsi. Les gens viennent chez nous un temps puis disparaissent. Leurs visites s'espacent jusqu'au jour où ils ne viennent plus du tout.

Aux yeux de Linda, Magda et Patrick ont aussi le tort d'être avant tout des amis de Godwin. Depuis que ce dernier leur a confié l'histoire de Tonton et l'infidélité de sa femme, Linda leur fait sentir qu'ils ne sont plus les bienvenus sous son toit.

Je suis plus isolée, plus enfermée que jamais dans la villa du chemin des Petits-Chênes.

Ce jour de février 2005, Linda quitte la maison en annonçant qu'elle va faire des courses à Château-Rouge. Je connais le grand marché africain de Paris. J'adore ses étals qui déversent jusque sur les trottoirs des brochettes de poissons fumés, des bananes plantains, des fruits exotiques ou des épices parfumées. Ses magasins de pagnes. Ses vendeurs de gri-gri à la sauvette. Ses salons de beauté où les femmes se font poser des tresses et des perles de couleur dans les cheveux. C'est plein de monde, de femmes en boubou multicolore, et d'odeurs qui me rappellent mon pays.

J'aimerais être du voyage, même si c'est moi qui porte toutes les courses. Mais, hélas, j'ai du travail : je dois réparer un robinet qui fuit dans la salle de bains. Linda part avec la Mamie. Les enfants sont à l'école. Je reste donc seule dans la maison. Seule avec Godwin. Il est dans sa chambre tandis que je joue au plombier à l'étage. Un tournevis à la main, je m'échine sous le lavabo. Soudain, la voix de mon père adoptif me fait sursauter.

– Tina ! Viens par ici !

La peur au ventre, j'obéis et le rejoins. Vais-je devoir encore une fois me transformer en arbre mort ? Vais-je devoir une fois de plus ravaler mes larmes, ma souffrance, mon dégoût ?

Hélas, oui... Je le vois à ses yeux de fou, à son regard d'obsédé. Il me demande de le suivre dans la chambre de Sophie et Sandy. La première chose que je vois en entrant dans la pièce, c'est mon matelas. Le matelas sur lequel je me couche tous les soirs, qu'il est allé chercher dans la cave, pour me violer dans la chambre de ses filles.

C'est sordide. C'est affreux. Et cela me révolte. Je le repousse quand il tente de m'entraîner sur le matelas. Je me défends, mais, comme d'habitude, il reste le plus fort. Après une lutte épuisante, vaine, il me balance sur le matelas. En un instant, il est sur moi. Son sexe me torture, me tue davantage chaque fois qu'il plonge en moi, mais Godwin se moque bien de ma souffrance et de mes larmes. Il ne pense qu'à son plaisir !

Il n'entend pas la voiture qui stoppe devant la maison. Il n'entend pas la porte d'entrée s'ouvrir. Pas plus que les talons qui claquent dans l'escalier. La porte de la chambre est restée ouverte. Et Linda surgit d'un seul coup. Elle se jette sur lui en poussant un cri de harpie. Ses forces sont décuplées par la rage, elle le saisit par les cheveux et le tire violemment en arrière. Puis elle se jette sur moi. Ses mains sont des serres de rapace, ses ongles des griffes de tigresse. Elle veut me crever les yeux, m'arracher le visage.

Elle me roue de coups en hurlant.

– Salope ! Putain !

Godwin s'interpose. Linda le repousse. Je tente de fuir. Elle me bloque le passage, et les coups, de nouveau, me tombent dessus. Sur la tête, sur les bras, sur le corps. Ça s'arrête soudain. Godwin est parvenu à lui saisir les bras. Elle se retourne sur lui, comme une furie, et les voilà qui se battent tous les deux. Elle déchire l'air de ses bras, il lui attrape les poignets, dévie les coups. Ça hurle. En anglais ! En yoruba ! Sans attendre, je me précipite hors de la chambre. Je dévale l'escalier, traverse le salon et j'ouvre la porte-fenêtre.

Dehors, il pleut à verse. J'ai rajusté mes vêtements, mais je suis pieds nus. Je n'hésite pourtant pas longtemps. Je sors dans le jardin, traverse la pelouse et saute chez Maria pour me réfugier dans sa cabane à lapins. C'est là qu'elle me trouve, et me renvoie sur la route après m'avoir confectionné un imperméable dans un sac-poubelle. J'erre un moment, avant d'aborder une femme. Celle qui m'abrite chez elle, s'inquiète et m'offre un pull-over sec.

De chez elle, j'appelle à la maison. Godwin prétend que tout est arrangé. Comment est-ce possible ? Je me dis qu'il faudrait fuir, loin, très loin. Mais où aller ? Je repense à ma fugue jusqu'à Meaux. Au commissariat. À la réaction des policiers quand ils ont appris que j'étais la fille de Godwin Okpara, footballeur de l'équipe du Paris Saint-Germain. Un homme célèbre. On le croira toujours. Moi jamais.

Alors je reprends le chemin de la villa. Lorsque j'arrive, Godwin m'ouvre la porte. La maison est déserte, silencieuse. Linda est repartie. J'entre, et je reprends mes activités quotidiennes. Que pourrais-je faire d'autre ? On m'a dressée pour cela. Godwin me suit partout. Chaque pas que je fais, il est derrière moi. Il veut sans doute s'assurer que je ne vais pas m'enfuir à nouveau.

Puis Linda rentre avec la Mamie. Les enfants, qu'elles sont passées prendre à l'école, sont avec elles. Elle les envoie jouer dans le salon, avec interdiction d'en sortir avant qu'on les appelle. Puis elle s'enferme avec Godwin dans leur chambre. J'entends des éclats de voix. Des bruits de dispute. La Mamie me demande de la suivre dans sa chambre à elle.

– Que s'est-il passé, Tina ? me demande-t-elle.

– Je me suis défendue, je lui réponds.

Elle prend un air sévère et me réprimande comme si j'étais coupable.

– Comment as-tu pu te laisser faire ? Comment as-tu pu faire cette chose, coucher avec le mari de ta mère ?

J'ai beau me défendre, elle ne veut rien entendre et persiste à croire que je suis, au moins en partie, consentante. La voix de Linda met fin à cette discussion. Elle appelle la Mamie du bas de l'escalier.

– Reste là ! Ne fais plus de bêtises ! m'intime la vieille avant de descendre.

Je reste seule dans la pièce. J'entends alors la porte d'entrée et la voiture de Godwin qui démarre.

Il s'en va ! Le lâche ! Le salaud ! S'il restait, s'il avouait qu'il m'a forcée, il me protégerait. Je recevrais moins de coups. C'est sûr. Je comprends alors qu'il m'a tendu un piège : il a dit que tout était arrangé pour que je rentre. Il est resté derrière moi pour que je ne m'enfuie pas. Et à présent que sa femme est là, il m'abandonne. Il me laisse seule. Il s'en lave les mains.

« C'est la fin ! C'est la fin… » Ces mots résonnent dans ma tête. Je vais mourir maintenant. J'en suis sûre. Il ne peut en être autrement.

La porte de la chambre s'ouvre et la Mamie apparaît.

– Maman veut te voir dans la cuisine, me dit-elle.

Je descends, la vieille sur mes talons.

– À genoux ! m'ordonne Linda lorsque j'entre dans la cuisine.

J'obéis, une peur effroyable au ventre.

– C'était bon ? T'as aimé ça ? me demande Linda.

Silence.

– Tu n'es qu'une salope qui aime le sexe ! reprend-elle. Je vais te donner une leçon que tu n'es pas près d'oublier. Chaque fois que tu auras envie de coucher avec un homme, tu te souviendras de moi ! Je vais te marquer jusqu'à la fin de tes jours !

Les yeux emplis de terreur, je la vois qui allume le feu sous une casserole de sauce aux piments. Puis elle se sert un grand verre de vodka qu'elle avale d'un trait.

– Monte dans la chambre des filles ! Là où tu m'as pris mon mari ! gronde-t-elle.

Je me relève. Mes jambes flageolent, et je titube en montant l'escalier. La Mamie me suit comme une ombre. Nous entrons, et je la supplie de venir à mon secours.

– Il faut que tu la calmes, dis-je en joignant les mains comme pour la prière. Ce n'est pas moi ! C'est lui qui m'a forcée ! C'est lui !

A-t-elle oublié le jour où, après que je me suis enfuie à pied, dans la nuit, pour ne pas être violée à l'arrière du 4 x 4, elle est venue me dire : « Moi, je te crois » ?

– Laisse-la faire ce qu'elle a à faire, me répond-elle sèchement. Il faut que sa colère passe…

La porte s'ouvre à nouveau et Linda apparaît. Une cigarette au coin des lèvres, elle tient toujours son verre et sa bouteille de vodka. Elle a aussi des ciseaux à la main.

– À poil ! hurle-t-elle. À poil, salope !

J'ai froid. J'ai peur. Je me déshabille en tremblant. J'ai peur de la douleur. J'ai peur de la souffrance. J'ai tellement peur que je voudrais mourir. Maintenant. Tout de suite. Vite ! Vite ! Vite ! Que tout s'arrête ! J'appelle la mort de toutes mes forces, de toute mon âme. Linda approche de moi, tire sur sa cigarette et me souffle la fumée au visage.

– Chaque fois que tu te déshabilleras devant un homme, il te demandera d'où viennent tes cicatrices. Alors, tu souviendras de moi ! Toujours ! grogne-t-elle encore.

Puis elle écrase son mégot incandescent sur mon visage.

– À genoux ! hurle-t-elle.

Je m'exécute. Elle saisit les ciseaux et coupe dans mes cheveux à grands gestes. Les lames ricochent sur mon crâne, entaillent le cuir chevelu. Les mèches tombent sur le sol. Et mes larmes les rejoignent. Je pleure, je me vide de mes forces, de mon souffle, de ma vie, par ces larmes de terreur.

Je reste là, grelottante, tondue, à genoux aux milieux de mes cheveux lorsqu'elle ordonne à la Mamie :

– Surveille cette putain ! Je reviens.

À son retour, elle tient à la main un objet que je reconnais, je m'en suis souvent servie pour soigner les enfants. C'est une seringue en plastique, graduée, qui permet d'administrer du sirop antibiotique. Linda l'a remplie d'un liquide rouge et fumant... la sauce au piment ! Elle se sert une nouvelle rasade de vodka. A-t-elle besoin de s'enivrer pour trouver le courage de me torturer ? Est-ce que sa haine, sa rage et sa folie ne lui suffisent donc pas ?

D'une bourrade, elle m'envoie valdinguer sur le sol. Puis elle se jette sur moi, hurle encore... des cris, des menaces, des insultes. Je sens avec horreur la seringue qui fouille entre mes jambes. Linda pousse un cri de joie lorsqu'elle appuie sur le piston pour m'injecter son venin. Je hurle de douleur. Mon ventre brûle ! Elle me gifle à toute volée et se relève, reprend son verre et sa bouteille.

Tandis que je me tords de douleur sur le sol, elle se sert une nouvelle rasade de vodka. Elle s'approche de moi, les yeux fous, boit une gorgée d'alcool et me balance le reste de son verre au visage. D'un coup, soudain, elle est à nouveau sur moi. Je hurle lorsque je sens le contact de la bouteille entre mes jambes.

– Tu aimes ça ? hurle-t-elle. C'est bon comme ça ?

D'un geste brusque, elle introduit la bouteille dans mon sexe, et la pousse d'un coup de pied qui me fait éclater le ventre. La douleur est fulgurante, insupportable. J'ai l'impression que mes chairs se déchirent. Tout vacille autour de moi. Tout devient noir. Je m'enfonce dans une nuit sans étoiles. Et dans cette nuit, je vois luire soudain l'éclair d'une lame. Un rasoir a jailli dans la main de Linda.

– Je vais te marquer à jamais ! hurle-t-elle.

Elle me fait penser à une sorcière de film d'horreur. À deux reprises, elle pose la lame tranchante sur mon sexe, et à deux reprises elle trace un sillon profond. Le sang gicle, coule sur mes jambes. Je hurle à nouveau.

Est-ce la vue du sang ? En a-t-elle fini avec moi ? M'a-t-elle enfin fait subir tout ce que je mérite selon elle ? Elle se redresse maintenant, m'abandonnant sur le sol.

– J'espère que tu as compris cette fois, dit-elle.

Elle se dirige vers la porte, se retourne avant de sortir.

– Je ne veux pas voir de sang sur ma moquette, me dit-elle. Nettoie tout ça !

Elle disparaît. Je me lève, la brûlure au ventre, le sang ruisselant sur mes cuisses. Je mets ma main en coquille sur mon sexe, comme si je pouvais arrêter le flot rouge avec mes doigts. La Mamie est là, qui me considère gravement.

– Que cela te serve de leçon, me dit-elle avant de sortir à son tour.

Je boite jusqu'aux toilettes. Chaque pas que je fais déclenche des milliers de douleurs. Je m'effondre sur la cuvette et je reste là. Tout tourne… Ma vue se trouble. Les couleurs s'éteignent, les choses s'effacent… Maman, je vais mourir ! Maman, je viens vers toi…

Je ne sais pas combien de temps je suis restée là, agonisante, sur les toilettes. Je me lève enfin et me rends dans la salle de bains. Quelques mètres à franchir seulement. Au prix d'un effort surhumain, j'arrive enfin. Je m'écroule sur le carrelage et je reste là, pantelante, incapable de faire un mouvement de plus. Sous moi, le sang cesse de couler. La Mamie arrive avec un paquet de compresses et un flacon de désinfectant. Sans un mot, elle nettoie mes plaies. Petit à petit, enfin, le sang s'arrête de couler. Mais la brûlure est toujours aussi vive. Je ne peux marcher que les jambes très écartées.

Je descends jusque dans la cuisine où je remplis un seau d'eau. J'y ajoute de la Javel et je remonte dans la chambre nettoyer les traces laissées par la séance de torture. C'est mon sang, mon propre sang, que je dois laver.

12

Libération !

Les plaies sont longues à cicatriser. Et la cicatrisation est douloureuse. Ça brûle quand je marche, ça brûle quand je m'assieds, ça brûle quand je me couche... Et c'est pire encore lorsque je vais aux toilettes. La douleur est si intense que je manque de m'évanouir chaque fois que je vais uriner. Deux ou trois fois, la Mamie est venue m'aider à désinfecter mes plaies, puis elle m'a laissé le flacon de Bétadine en me disant de me débrouiller toute seule.

Linda boude plus encore que d'habitude. Elle ne m'adresse pas la parole, et je dois quitter la pièce si elle y entre. Elle ne veut pas respirer le même air que moi, dit-elle.

La Mamie me suggère de lui écrire une lettre d'excuses. Elle pense que cela peut apaiser sa colère. Je crois surtout que c'est Linda elle-même qui l'a envoyée pour me dire d'écrire cette lettre. Quoi qu'il en soit, je prends une feuille, un crayon, et j'écris :

« Je suis vraiment désolée, maman. Cela n'arrivera plus jamais. Je te promets que si cela arrive encore, ou que si quelqu'un te dit que c'est arrivé, tu pourras faire de moi ce que tu voudras. Je te promets aussi que je ne ferai plus de fugue et que je ne mentirai plus et ne désobéirai plus à grand-mère. Je serai respectueuse, maman. Je suis prête à suivre tes règles et à faire ce que tu veux. Je te promets que je ne te trahirai plus jamais, maman. »

Je signe, de mon prénom, Tina.

La Mamie porte le message à Linda. En réponse, elle me dit que je ne dois parler à personne de ce qu'elle m' a fait, même pas à mon père adoptif. Si jamais elle apprend que je me suis plainte, que j'ai parlé à quelqu'un, elle me renverra au Nigeria. Là-bas, on s'occupera de moi. Des amis à elle. J'imagine des tueurs, des hommes prêts à tout. Et j'ai peur.

Je vis surtout dans la hantise que Godwin s'attaque de nouveau à moi. Je fais donc tout pour ne jamais, jamais me retrouver seule à la maison avec lui.

Par chance, les semaines passent et Godwin ne m'approche pas. Je commence à croire que le fait d'avoir été surpris en flagrant délit par sa femme l'a définitivement calmé. Durant des mois, pas le moindre geste, pas le moindre regard. Jusqu'au samedi 13 août 2005. Ce jour restera gravé dans ma mémoire à jamais…

Je suis dans la maison, je travaille. Dehors, un soleil éclatant inonde le jardin. Tout est calme. Pas un bruit.

Soudain je sursaute. Quelqu'un m'appelle.

– Tina !

C'est la voix de Godwin. Je reconnais ce ton, cette nuance dans sa voix. C'est ainsi qu'il m'appelle lorsqu'il veut que je descende avec lui dans la cave. Je suis crucifiée. Clouée sur place. Comment ai-je pu croire que cet homme me laisserait un jour tranquille ? C'est impossible ! C'est le diable. C'est le Mal. Il a fait croire qu'il voulait m'adopter pour me rendre heureuse, pour m'offrir un meilleur avenir, et je ne suis jamais allée à l'école. Il m'a fait croire qu'il m'aimait comme un père, et il m'a violée ! Il s'est servi de son autorité, de sa célébrité pour me piéger. Et lorsqu'il a été démasqué, il a encore menti. Il m'a dit que tout était arrangé, alors qu'il voulait seulement que je rentre, et il m'a livrée à des tigresses !

– Tina ! Tu n'entends pas quand je t'appelle ?

La silhouette massive de Godwin se découpe dans l'encadrement de la porte. Il a son regard mauvais. Son regard vicieux. Je serre les poings.

– Un jour, tu le regretteras, dis-je.

Ce n'est pas le courage qui me donne la force de planter mon regard dans le sien et de prononcer ces paroles, mais le désespoir ! Parce que je sais que s'il recommence à me violer, sa femme l'apprendra un jour ou l'autre. Et c'est moi, encore une fois, qui prendrai. Moi qu'elle torturera ! Dieu seul sait si je pourrai survivre à une autre séance... Je ne peux même pas dire à Godwin ce qu'on m'a fait après sa dernière attaque, Linda m'enverrait me faire assassiner au Nigeria. Alors, morte pour morte, fichue pour fichue, je lui crache la vérité au visage.

Oui, moi, Tina la souillon, Tina l'esclave, Tina l'animal, tout juste bonne à faire le ménage, à tirer la chasse d'eau quand on a fini de faire ses besoins, tout juste bonne à écarter les cuisses quand on n'a pas de fille sous la main, je me plante en face de lui, et je lui dis :

– Tu le regretteras ! Aujourd'hui, je suis petite, je ne suis rien. C'est facile pour toi de me faire du mal. Mais un jour, tu me croiseras dans la rue, et ce jour-là tu auras honte. Honte pour tout ce que tu m'as fait !

– Qu'est-ce que tu t'imagines ? menace-t-il. Je peux te tuer, si je veux...

– On t'arrêtera et tu iras en prison !

– Rien du tout ! J'ai dit à Linda que j'allais faire un footing, et tout le monde croit que je suis dans la forêt en train de courir. On trouvera ton corps et on accusera un cambrioleur. Je suis connu, je suis un footballeur. Personne ne pensera à me soupçonner...

La gifle qu'il m'envoie manque de m'arracher la tête. J'ai la joue en feu et des larmes de rage inondent mes yeux. Il reste là quelques secondes à me contempler, d'un air mauvais. Soudain, il tourne les talons et je le vois disparaître dans la salle de bains.

Que va-t-il faire ? Chercher quelque chose ? Mystère. Je ne le saurai jamais, car à cet instant, sans réfléchir, je m'élance. Je dévale les marches, traverse le salon et me retrouve dans le jardin. Comme la dernière fois, je saute par-dessus le grillage pour atterrir dans la propriété de Maria, mais cette fois je ne vais pas me réfugier dans la cabane à outils. Je traverse son terrain d'une traite, sans m'arrêter, sans me retourner. Arrivée à la clôture, je bondis encore pour atterrir dans un autre jardin, puis encore un autre. Je franchis grillages et palissades, je traverse les propriétés sans m'arrêter pour reprendre mon souffle. Je me retrouve sur la route, presque sans m'en rendre compte. Je regarde autour de moi, et je reconnais la rue où j'avais abordé la femme qui m'a donné un pull-over blanc. Mon cerveau fonctionne à plein régime. Elle m'avait dit que je pouvais la prévenir si on me faisait du mal. Peut-être est-elle chez elle ? Je décide de tenter ma chance.

Je suis en chemin lorsque j'aperçois une jeune femme. Je me dirige vers elle. Elle a des cheveux blonds et bouclés.

– Madame, vous parlez anglais ?

– Oui. Un peu. Enfin, je le comprends...

Un lueur d'espoir, enfin ! Je décide de lui faire confiance puis je lui pose, encore et toujours, la question qui me hante.

– Savez-vous à quel âge un enfant peut quitter sa famille ?

– À dix-huit ans, me répond-elle. Sauf dans certains cas...

Elle termine sa phrase en agitant une main au-dessus de sa tête, pour mimer quelqu'un qui donne des coups.

– Vous voulez dire, si on est maltraité ?

– Oui, si tu es maltraitée, si c'est grave...

Je hoche doucement la tête. Je bredouille un vague merci et je m'éloigne. Ça se bouscule soudain dans mon esprit. J'ai le droit de quitter ma famille si on me maltraite. J'ai le droit. Mais comment faire. Je n'ai pas fait trois mètres, que la jeune femme m'appelle.

– Attends !

Je m'arrête, la jeune femme me rejoint. Elle me parle doucement. Elle me montre une maison, pas très loin de la sienne.

– Le monsieur qui vit là est médecin, me dit-elle, toujours en anglais. Il est très gentil, et si on lui demande, il pourra t'aider. Mieux que moi.

J'hésite.

– Il peut vraiment t'aider, insiste-t-elle.

La jeune femme me dit qu'elle s'appelle Nathalie et me demande mon prénom. Je la suis chez le médecin. Nous le trouvons, avec sa femme, dans son jardin devant la maison, occupés à tailler des rosiers. Ce sont des gens un peu âgés. Ils écoutent Nathalie, qui expose la situation en quelques mots. Elle leur dit que je suis maltraitée, que je cherche de l'aide. Parfois, elle me pose une question, en anglais, et traduit pour le couple.

Mes larmes ont recommencé à couler. Je sais que je suis pitoyable, dans ce jardin de roses, vêtue de haillons, les cheveux coupés n'importe comment… Les regards de cet homme et de cette femme, qui me détaillent des pieds à la tête, sont comme une torture. Que vont-ils penser de moi ?

– J'ai l'impression qu'on ne peut pas laisser partir cette jeune fille, dit l'homme.

– Il faut prévenir la police ! conclut son épouse.

Je proteste aussitôt.

– Pas la police !

La dernière fois que j'ai eu affaire aux policiers, ils m'ont renvoyée dans ma famille. Je me moque qu'on arrête Linda et Godwin. Tout ce que je veux, c'est partir loin d'eux. Je veux juste ne plus être maltraitée, ne plus être violée. Je veux que ça s'arrête. C'est tout. Qu'on m'emmène ailleurs. Si ces gens-là n'ont pas d'autre solution que la police, alors je n'ai plus le moindre espoir.

– Je crois que je vais rentrer chez moi. C'est mieux, dis-je.

Il y a un grand silence.

– Je vais te donner mon numéro de téléphone, dit alors la femme du médecin. Tu dois me promettre de m'appeler si on te fait du mal. D'accord ?

J'accepte et la femme rentre chez elle, pour chercher de quoi écrire. Nous attendons. Elle est un peu longue à revenir. Elle arrive enfin et me tend un morceau de papier.

– Tu me promets, insiste-t-elle. Si on te fait du mal…

Je répète que je suis d'accord et m'apprête à partir lorsqu'elle m'arrête.

– Tu viens du Nigeria, tu as dit ?

– Oui, de Lagos.

– Et les gens qui te font du mal, ce ne sont pas tes vrais parents ?

– Non… Ils m'ont adoptée…

– Tu avais quel âge quand ils t'ont adoptée ?

– Douze ans, madame.

Je ne comprends pas où elle veut en venir. Elle me pose question sur question. Elle m'oblige à répéter plusieurs fois ce que j'ai déjà raconté tout à l'heure. Tout s'éclaire lorsque j'entends le hululement d'une sirène.

– Vous avez prévenu la police !

– Oui, reconnaît-elle. Tu ne dois pas avoir peur.

Ne pas avoir peur ? J'ai l'impression d'avoir encore été trahie et je me remets à pleurer. Ah, ces larmes ne s'arrêteront donc jamais de couler ! Teni Omaku, ne m'as-tu mise au monde que pour cela ? Pour les larmes et la souffrance ?

– Je ne veux pas ! Je ne veux pas !

Je crie de toutes mes forces, mais il est trop tard. Une voiture stoppe devant le jardin, et trois hommes en uniforme en descendent. Je suis prise au piège. La femme du médecin nous invite tous à entrer chez elle. Nous serons plus à l'aise pour parler. Dans le salon, je me sens bien seule au milieu de ces inconnus dont la moitié porte un revolver. La femme du médecin me demande si je veux boire ou manger quelque chose. J'accepte un verre d'eau.

– Comment t'appelles-tu ? me demande l'un des policiers.

Je refuse de répondre.

– Nous ne connaissons que son prénom, explique Nathalie. Elle s'appelle Tina.

– Nous avons besoin de connaître ton identité, précise le policier. Nous ne pourrons pas t'aider si nous ne savons pas qui tu es.

– Je ne veux pas !

C'est tout ce que je peux répondre, toujours en larmes. Un des policiers, resté silencieux jusque-là, s'approche de moi. Il me regarde d'un air grave.

– Nous sommes là pour toi, me dit-il. Nous sommes là pour t'aider. C'est notre métier, et c'est notre devoir. Nous ne te laisserons jamais retourner chez les gens qui te font du mal. Jamais !

Est-ce le ton de sa voix ? La détermination que je lis dans leurs regards ? Ce policier et ses deux collègues me paraissent plus compréhensifs que ceux de Meaux.

– Mon père… je lâche entre deux sanglots. C'est mon père, il me viole…

Viol. C'est la première fois que j'ose prononcer le mot. La première fois que je parviens à dénoncer le crime. Et le mot fait l'effet d'une bombe. Dans le salon, un lourd silence s'installe.

– Tu as des papiers ? demande enfin un des policiers.

– Non. Mon passeport est resté là-bas.

– Alors nous devons aller le chercher…

– Non ! Je ne veux plus les voir !

Les policiers semblent hésiter un instant.

– Tu sais où est ton passeport ?

– Dans mon sac, dans ma chambre, à la cave…

Il s'ensuit un court conciliabule. Deux policiers décident de se rendre chemin des Petits-Chênes, pour récupérer mon passeport, tandis que le troisième restera ici avec moi. Les deux policiers sortent, et la voiture démarre sur les chapeaux de roue. Lorsqu'ils reviennent quelques instants plus tard, ils annoncent tout de suite qu'ils sont bredouilles.

– Ton père refuse de nous laisser entrer, explique un policier. Il prétend que tu mens, que tu n'as jamais été maltraitée... Il nous a dit qu'il ne comprenait pas ce qu'on lui racontait.

– La seule solution, Tina, me dit alors l'autre policier, c'est que tu nous accompagnes chez toi. Nous pourrons entrer avec toi et aller chercher ton passeport. Ne t'inquiète pas, personne ne te touchera.

J'ai très peur, mais ces hommes ont l'air de savoir ce qu'ils font. Je me dis qu'ils ont sans doute l'habitude, et je monte dans la voiture avec eux. Lorsque nous nous arrêtons devant la maison, Godwin ouvre la porte.

– Que se passe-t-il encore ? demande-t-il.

– Nous accompagnons votre fille qui souhaite récupérer ses papiers d'identité, explique l'un des policiers.

– C'est quoi, cette histoire ?

– Elle vous accuse de maltraitance et de viol, dit le policier d'un ton cassant.

Sans un mot, sans un regard pour mon père adoptif, je me dirige vers la maison et descends directement à la cave. Un policier m'escorte. Je récupère mon passeport et nous remontons. Arrivée à mi-chemin, j'entends des cris.

– C'est ma fille ! Vous n'avez pas le droit ! Elle est mineure !

Tremblant de peur, je n'ose plus faire un pas.

– Avance, me dit le policier derrière moi. Tu n'as rien à craindre. Nous te protégerons quoi qu'il arrive.

Lorsque nous arrivons devant lui, Godwin est fou de rage. Le calme du policier, face à lui, n'en paraît que plus impressionnant.

– Si vous pensez que nous sommes en tort, monsieur Okpara, je vous invite à nous suivre au commissariat. Nous prendrons votre déposition...

Je n'en reviens pas ! Quelqu'un ose tenir tête à Godwin. Non seulement ce policier ne baisse pas le regard, mais il ne recule pas quand l'autre s'avance vers lui, l'air menaçant. Finalement, Godwin s'écarte même pour nous laisser le passage.

Au commissariat, les policiers m'installent dans un bureau à l'étage. L'un des trois hommes qui sont venus me chercher chez le médecin vient s'asseoir à côté de moi. Il a un beau visage fatigué.

– On cherche un foyer pour t'accueillir, me dit-il.

Je n'ose pas lui répondre que je n'ai pas la moindre idée de ce qu'est un foyer. J'imagine que c'est un abri, un endroit où l'on met les personnes qui ont des problèmes comme moi. Si c'est difficile de trouver de la place, cela signifie donc qu'il y a beaucoup d'autres Tina... Je croyais être la seule au monde à souffrir à ce point.

– Aujourd'hui, tu vois, c'est mon dernier jour de boulot, poursuit le policier. Je devrais déjà être parti. Quand on est venus te chercher, c'était ma dernière intervention avant les vacances.

Il me regarde et me sourit.

– Ne t'inquiète pas, ajoute-t-il, je ne partirai pas tant que je ne te saurai pas en sécurité.

J'ouvre grands les yeux. Je voudrais graver ce visage à jamais dans ma mémoire : il y a si longtemps que je n'ai pas vu d'homme bon !

Assise dans le bureau, recroquevillée sur une chaise, la tête entre les mains, je tente en vain de ramener le calme dans mon esprit. Impossible d'aligner deux idées. Voilà quatre années que je suis esclave dans la villa du chemin des Petits-Chênes. Quatre années, quatre fois trois cent soixante-cinq jours, et chacun de ces jours n'est fait que de labeur, d'insultes, de coups, de souffrance. Et voici que tout s'arrête, ici, maintenant, en quelques minutes. C'est trop extraordinaire pour que je puisse y croire. J'ai été si souvent trahie, déçue, que je m'attends encore à un ultime rebondissement dans le film de ma vie.

Je suis seule, dans le bureau, avec un policier en civil. J'ai l'impression que c'est un chef, un commissaire haut placé, à cause de son âge, de sa prestance, et de la façon dont les autres s'adressent à lui. Je ne pleure plus. J'attends. Si le destin me fait encore un pied de nez, je crois que ce sera le dernier. Après, il ne pourra y avoir que la mort.

– Tu connais ces gens ?

La voix du policier me fait relever la tête. Il se tient face à la vitre du bureau, qui surplombe le rez-de chaussée.

– Viens voir, tu ne risques rien.

Je m'approche, timidement. Je jette un coup d'œil et aussitôt je recule. Linda ! La Mamie ! Elles sont là toutes les deux, en bas ! Elles sont venues me chercher ! J'avais bien raison de penser que je ne pouvais pas être sauvée. Ma vie est une partie truquée, je ne peux pas gagner.

Je devine ce qui va se passer : le policier va me conduire en bas, et j'aurai droit à la même comédie qu'à Meaux. « Oh, Tina ! Comme nous avons eu peur pour toi ! Comme nous sommes heureuses de te retrouver ! » Et les policiers me laisseront repartir avec elles. De retour à la maison, les tigresses me tueront.

Eh bien, tant pis. Ou plutôt, tant mieux ! Je rejoindrai maman. J'irai au paradis. On a droit au paradis quand on a été si malheureuse.

– Ce sont bien tes parents adoptifs ? me demande le policier.

– Oui...

– Tu veux les voir ?

– Plus jamais !

– Tu en es bien sûre ?

– Sûre ! Oui ! Oui ! Oui ! Plus jamais !

Il me fait face et j'essaie de lire sur son visage ce qu'il pense. Sans un mot, il se dirige vers la porte et sort de la pièce. Je jette un regard, prête à me jeter en arrière si Linda ou la Mamie se retournait et levait la tête dans ma direction. Le policier s'approche d'elles et leur parle. Je ne peux pas entendre ce qu'il leur dit. Linda gesticule. Est-ce qu'elle proteste ? Est-ce qu'elle exige que je lui sois rendue ? Je ne le saurai jamais. Car, quelques instants plus tard, elle quitte le commissariat, la Mamie trottinant sur ses talons. Et moi, je reste là.

Destin ! Destin maudit ! C'est fini ! Cette fois, c'est moi qui gagne !

Il fait nuit lorsque nous quittons le poste de police en voiture. Nous roulons longtemps. En tout cas, j'en ai l'impression. Et cela me rassure. Plus je serai loin de la famille Okpara, plus je serai en sécurité. La voiture stoppe enfin devant une grande maison. J'ai vu quelques instants auparavant un panneau indiquant Bois-d'Arcy.

Nous étions attendus, car une femme vient à notre rencontre. Après avoir parlé avec les policiers et échangé des papiers, elle me conduit à l'intérieur de la maison jusqu'à une grande salle. Des tables sont alignées, et au fond un poste de télévision est allumé. Des femmes sont agglutinées autour de l'écran.

– J'imagine que tu n'as pas mangé, me dit la femme. Tu as faim ?

C'est vrai, mon estomac gargouille. La femme m'installe à une table, et on dépose devant moi une assiette et des couverts. Je n'oublierai jamais ce premier repas ! Dans l'assiette, fument des pâtes et un beau steak. Je reste plusieurs minutes sans oser toucher au plat. Ce morceau de viande fumant et parfumé, cela me paraît trop beau, trop bon, pour moi. Peut-être qu'on ne peut pas se rendre compte, si on n'a pas vécu ce que j'ai vécu : jamais, durant toutes ces années, je n'ai eu droit à un tel morceau de viande.

J'en coupe un morceau et je le porte à ma bouche. Ce steak a un goût merveilleux : le goût de la liberté !

13

La vie en rose… et noir !

Après le repas, une éducatrice me conduit jusqu'à une chambre qu'occupent déjà deux jeunes filles.

– Je vous présente Tina, dit-elle. Elle va passer un peu de temps avec nous…

J'entre, un peu intimidée. Il y a trois lits dans la pièce. Deux lits superposés et un lit simple. Cela me fait tout drôle de cohabiter avec des filles de mon âge, ça ne m'est encore jamais arrivé. La journée a été si éprouvante que je m'endors sitôt couchée. Le lendemain matin, lorsque j'ouvre les yeux, il me faut quelques minutes pour réaliser que je ne suis pas dans la cave de Chatou. Je vois le jour à travers les volets. Quelle heure peut-il bien être ? Combien de temps ai-je dormi ? Je reste allongée sur le lit, n'osant pas me lever.

– Ça va ? me demande une de mes camarades de chambre.

Je lui fais signe que oui. Elle n'insiste pas davantage. Dans les jours qui suivent, je m'apercevrai qu'ici chacune a eu son lot de malheur, chacune sait respecter la douleur de l'autre. On écoute celles qui veulent parler. On console celles qui pleurent. Mais on ne pose pas de questions. Jamais.

On m'apporte du savon et des vêtements propres. Après le petit déjeuner – encore une nouveauté pour moi –, une éducatrice me conduit au bureau de la directrice. Cette dernière m'explique ce que va être ma vie ici, dans ce foyer de Bois-d'Arcy. Entre les rendez-vous judiciaires et médicaux, je n'aurai guère le temps de m'ennuyer…

Trois jours après mon arrivée, je retourne au commissariat où une jeune femme prend ma déposition. Elle s'excuse par avance, car elle a des questions difficiles à me poser. La justice exige l'exactitude. Le mot viol ne suffit pas. Il faut des précisions, savoir comment, combien, jusqu'à quel point… Pénétration. Fellation. Éjaculation. Les mots me choquent : synonymes de plaisir pour mon bourreau, de douleur pour moi. Ils expriment en même temps sa satisfaction et ma souillure. Je réponds pourtant. En pleurant, encore. En cherchant mes mots, toujours. En mélangeant l'anglais et le français. Je suis une victime pitoyable qui ne sait même pas dire sa souffrance. Je n'y arriverai jamais. La policière note pourtant mes réponses avec beaucoup de patience.

Pour vérifier mes déclarations, on m'emmène, un peu plus tard, consulter un gynécologue. Une autre fois, on me conduit à l'hôpital de Versailles où je passe des radios et des examens dentaires. Cette fois, c'est mon âge qu'on veut vérifier. Ne me croit-on pas lorsque je dis que j'ai dix-sept ans ?

Enfin, je vais régulièrement voir une psychologue. C'est une grande femme aux cheveux roux. Sa voix douce et sa façon d'expliquer les choses les plus compliquées avec des mots simples me mettent en confiance. Dans son cabinet, situé dans le foyer même, il y a deux fauteuils confortables face à face. Entre ces fauteuils, il y a une table basse. Et dessus, il y a toujours une boîte de mouchoirs. Car on pleure beaucoup dans le bureau de la psychologue.

Elle lance un sujet, me pose une ou deux questions, puis elle me laisse la parole. Je parle. Je raconte. Je lui livre mes souvenirs, brûlants comme de l'acide, comme cela me vient. Dans le désordre, ce n'est pas grave. Il ne faut pas longtemps pour que je demande si je peux prendre un mouchoir dans la boîte.

Ces séances me laissent vidée, ratatinée, sans forces mais soulagée. Je me sens plus légère. Cette femme m'écoute, sans me juger, sans me critiquer. Elle m'explique même pourquoi je ressens tel ou tel sentiment. Elle me rassure aussi. Pour la première fois depuis longtemps, je suis un être humain comme un autre.

Lorsque je n'ai rien à faire, j'aime aller dans le jardin, lire, au milieu des arbres fruitiers. Souvent, les lettres se brouillent devant mes yeux. Si une éducatrice surprend mon chagrin, elle vient aussitôt me réconforter.

– Pourquoi pleures-tu Tina ? Ils ne sont plus là. Ils ne te feront plus jamais de mal. Plus personne ne te fera de mal maintenant.

J'essuie mes larmes en me répétant à moi-même : « Je suis libre ! Je suis libre ! »

Un matin, Martine, une éducatrice en chef, vient me trouver dans ma chambre. Elle a l'air ennuyé.

– J'ai quelque chose à vous dire, commence-t-elle. Vos parents ont été arrêtés... On en a parlé hier soir à la télé.

Les journaux annoncent aussi l'arrestation de Godwin et Linda Okpara. Je découvre des articles, illustrés avec une photo de mon père adoptif portant la tenue du Paris Saint-Germain. Les reporters précisent qu'il a été mis en examen pour violences volontaires sur mineure, viol et agressions sexuelles par personne ayant autorité ; et Linda, pour violences volontaires sur mineure, actes de torture et de barbarie. Tous deux ont été incarcérés.

Linda et Godwin Okpara en prison ! Cela me paraît irréel. Impossible. Je n'en suis nullement soulagée. Au contraire. Je ne veux pas que Godwin ait des ennuis. Il est riche, il est célèbre, et les gens l'aiment parce qu'il est footballeur. Eh bien, très bien ! Tant mieux pour lui ! Moi, tout ce que je veux maintenant, c'est pouvoir commencer une nouvelle vie. Je veux juste être heureuse. Surtout, je crains pour ma famille restée à Lagos. Que, par ma faute, mon père et mes frères soient victime de représailles.

Trois semaines passent. Je commence juste à prendre mes habitudes dans le foyer de Bois-d'Arcy lorsque Martine m'annonce que je vais devoir partir. Les éducateurs me trouvent désormais suffisamment forte pour qu'on me laisse prendre mon envol. Je suis apte à quitter le nid. Je vais aller vivre dans un appartement à Fontenay, avec trois autres jeunes filles….

Quitter la sécurité et la douceur du foyer m'inquiète un peu, mais Martine a une autre grande nouvelle : à partir du début du mois de septembre, je vais suivre une formation ! Je suis décidée à travailler très dur pour rattraper les années perdues.

L'appartement de Fontenay est situé dans un immeuble « normal » : je veux dire que les autres habitants ne sont pas des cas, comme mes trois compagnes et moi. L'appartement se compose d'une cuisine, d'un grand salon, d'un couloir qui distribue deux chambres à droite. Nous dormons deux par deux. Une dernière pièce, au fond du couloir à gauche, est aménagée en bureau pour les éducateurs – un homme et une femme, c'est-à-dire un père et une mère – qui nous suivent. Ces derniers peuvent, s'ils le souhaitent y dormir sur un lit pliant.

Deux ou trois jours après mon installation, je découvre enfin le centre de formation. Julie, Ludovic et Daniel s'occupent de nous. Le matin, on nous enseigne le français, les maths, l'histoire. Cela ressemble à l'école, et la joie que j'ai à être assise là, devant un cahier et un livre pour étudier, est indicible. Une fois par semaine, nous faisons du sport. Je crois que je suis l'étudiante la plus heureuse du monde !

L'après-midi est consacré à l'atelier. C'est une grande pièce, où travaillent déjà trois ou quatre personnes. Une radio diffuse de la musique. Le premier jour, Daniel m'accueille avec un sourire chaleureux. Il m'indique la place où je peux m'installer et m'explique qu'ici on fabrique des bijoux, qui sont ensuite vendus dans des foires expositions et diverses manifestations. Il me montre différents modèles, et me demande lequel me plaît. Je désigne un collier de perles noires et brillantes.

Daniel me donne le matériel et je me mets au travail. C'est un vrai plaisir. Pas comme les corvées que je devais faire chez les Okpara. Je suis un peu maladroite au début, mais, grâce aux conseils de Julie qui de temps en temps jette un coup d'œil, je progresse rapidement. J'arrive à copier le modèle et je suis très fière de moi lorsque mon collier de perles noires est achevé.

– Alors… Il te plaît ? me demande Julie.

J'ai du mal à exprimer la fierté que je ressens. La joie de réaliser quelque chose de beau avec mes mains est si forte…

– Alors, garde-le, poursuit Julie. C'est une tradition dans cet atelier : on conserve toujours le premier bijou qu'on a fabriqué. C'est un souvenir.

La jeune fille avec qui je partage ma chambre quitte l'appartement peu de temps après mon arrivée. Une autre la remplace aussitôt. Ce ne sont pas les filles maltraitées qui manque dans ce bas monde.

La nouvelle est une Africaine comme moi. Elle porte un prénom de reine d'Égypte, Néfertiti, mais elle est originaire de République centrafricaine. Nous nous entendons très vite comme deux sœurs. Nous aimons les mêmes musiques, les mêmes chansons, la même mode… et parfois nous regardons les mêmes garçons.

Le 16 octobre 2005, pour la première fois depuis des années, je fête mon anniversaire. Un éducateur me remet un paquet. Néfertiti rit aux anges en me voyant déchirer le papier cadeau. J'ouvre et découvre une mini-chaîne stéréo. Un appareil pour écouter de la musique. Pour moi seule. Il m'appartient. Je n'en reviens pas.

Les cours, le travail à l'atelier, la vie à l'appartement, l'amitié de Néfertiti, ça, c'est la vie en rose. Mais la vie en noir n'a pas disparu. Tapis au fond de moi, les mauvais souvenirs guettent la moindre occasion pour ressurgir. La nuit leur est propice. Souvent, je me réveille, trempée de sueur, le visage baigné de larmes. Je cherche mon souffle comme si je venais de piquer un sprint. Assise dans mon lit, je reste les yeux ouverts dans le noir, à écouter la respiration régulière de Néfertiti qui dort profondément.

Je me recouche, priant de toutes mes forces pour que le cauchemar me laisse tranquille. Il reviendra, bien sûr. Aujourd'hui, demain, un autre jour ou une autre nuit. Rien ni personne ne pourra effacer ces quatre années de souffrance de ma mémoire. Toute cette ordure qu'on a déversée sur moi, en moi, depuis mes treize ans.

Je continue à voir un psy. Autant les rencontres avec le médecin du foyer de Bois-d'Arcy me faisaient du bien, autant ces nouvelles séances me paraissent inutiles. Le dernier psychiatre que j'ai vu, un homme aux cheveux blancs et au visage fatigué, s'est carrément endormi pendant que je lui confiais la litanie de mes souffrances. Il s'est réveillé en sursaut et a conclu la séance en disant :

– Ah, que voulez-vous ? C'est la vie !

J'ai éclaté de rire. Que pouvais-je faire d'autre ? Sans doute est-il blasé par toutes les histoires horribles qu'il entend dans son cabinet. Moi, je ne suis pas sûre que cela me serve à grand-chose de venir le consulter. En revanche, je suis certaine que cela me ferait le plus grand bien d'avoir des nouvelles de ma famille. Lorsque j'en parle à une éducatrice, elle me regarde, étonnée.

– Mais enfin, Tina, me dit-elle le plus naturellement du monde, le téléphone est là ! Appelle ton père !

14

Le malheur frappe encore

Je dois avoir l'air d'une idiote, figée comme une statue, le combiné du téléphone à la main. La vérité, c'est que je n'ose pas composer le numéro de mon père. Enfin, je prends une grande inspiration et je me lance. L'écouteur collé à l'oreille, j'écoute à présent la sonnerie qui résonne loin, très loin. Une fois. Deux fois. « Clic ! » Là-bas, à des milliers de kilomètres de Fontenay, quelqu'un a décroché.

– Allô ?

C'est la voix de Simon Omaku !

– Papa ?

– Tina !

D'un seul coup, je réalise que j'ai un milliard de choses à lui dire. Par quoi commencer ?... Je ne sais même plus ce que je voulais lui dire... De son côté, il bafouille de joie et répète mon prénom, encore et encore. Nous rions et nous pleurons en même temps. Cela dure comme ça deux ou trois minutes avant que nous n'entamions enfin une vraie conversation.

Ce qu'il m'apprend alors me coupe les jambes. À plusieurs reprises, il a croisé Linda Okpara lorsqu'elle est allée au Nigeria. Quand il demandait de mes nouvelles, elle lui répondait que j'allais à l'école, que je travaillais bien. Et patati et patata. Elle lui a raconté que j'avais des projets d'avenir, et que je n'aurais aucun problème pour entrer dans une grande université.

– Ils vont payer pour ce qu'ils t'ont fait, me dit-il.

Ça me fait chaud au cœur d'entendre sa voix, et ça me soulage de savoir qu'il a confiance en moi. Il sait que je ne me suis pas mal conduite. Comme j'aimerais le voir et l'embrasser !

C'est à la mi-octobre qu'un éducateur m'apporte une feuille de papier sur laquelle figure une liste de noms. Il m'explique que je dois choisir un avocat pour me défendre au procès. Je jette un œil sur la liste. Tous ces noms me sont inconnus. Je pose mon doigt, au hasard, sur la ligne deux. Le sort vient de désigner Me Martine Péron, qui aura la lourde tâche de me défendre et d'affronter Godwin et Linda Okpara aux assises.

Quelques jours plus tard, une éducatrice m'accompagne en voiture à son cabinet, à Versailles, à deux pas du château du Roi-Soleil.

Mon français s'est amélioré, mais je redoute toujours, lors de ces rendez-vous avec la justice, de ne pas comprendre tout ce qui se dit. Les gens, souvent, oublient que je suis anglophone, et s'ils parlent vite ou emploient des mots compliqués, je n'en saisis pas le sens. Je dois faire de gros efforts de concentration pour ne pas être perdue.

Ce jour-là, la chance décide de me donner un petit coup de pouce. L'assistante de Me Péron qui nous reçoit est mariée à un Britannique et parle parfaitement anglais. C'est comme une bouée de sauvetage pour moi. Tandis que je patiente dans la salle d'attente, nous discutons toutes les deux. Parler en anglais avec elle me permet de me décontracter un peu.

Enfin, Me Péron arrive. Je glisse une main timide dans la sienne lorsqu'elle se présente et je la suis dans son bureau. Sous sa frange blonde, elle a un beau regard clair, plein de franchise. Assise en face d'elle, je l'écoute parler. Sa voix est douce, posée. Elle prend le temps de m'expliquer la suite des évènements, les étapes qu'il va me falloir franchir avant d'arriver au procès. À chaque point important, elle s'assure que j'ai bien compris. Je suis impressionnée par son intelligence et par tout le travail qu'elle accomplit pour moi. Lorsque nous ressortons, je suis soulagée, persuadée que mon avenir est entre de bonnes mains. Pour la première fois, j'ai le sentiment de ne plus être seule face à la justice.

Je redemande aux éducateurs la permission d'utiliser le téléphone. Cette fois, j'appelle en Belgique. Un peu inquiète, c'est vrai. Je me demande comment je vais être accueillie lorsque je m'annoncerai.

– Magda ? C'est Tina...

J'ai peur qu'elle raccroche. Peur qu'elle m'en veuille d'avoir envoyé mes parents adoptifs en prison. Peur qu'elle me rejette pour prendre le parti de son ami Godwin. Peur qu'elle me déteste. C'est pourquoi j'ai tellement hésité et attendu avant de l'appeler. J'ai même failli renoncer, mais il fallait que je sache. Il fallait que je lui dise, que ma chère Magda entende de ma bouche que je n'en pouvais plus.

– Tina ! Comme je suis heureuse de t'entendre !

Nous parlons toutes les deux ensemble. Puis nous nous taisons en même temps, et cela fait un grand silence dans le téléphone. Quel bonheur de retrouver Magda !

– Je suis avec toi, Tina, me dit-elle. Ma maison est grande ouverte : tu viens ici quand tu veux !

Mon cœur chavire. Magda ! Ma chère Magda ! Si elle pouvait savoir comme ces mots me font chaud au cœur. Elle ne me rejette pas. Au contraire, elle m'ouvre grands ses bras. Nous discutons un peu. Elle veut des nouvelles : comment je vais, ce que je fais de mes journées... Je lui raconte le foyer, les cours, l'atelier. Est-ce que tout le monde est bien gentil avec moi ? Oh oui ! Les éducateurs me grondent seulement lorsqu'ils me surprennent à lire un roman de Daniele Steel en anglais : ils veulent que je lise en français !

– C'est bientôt Noël, me dit-elle, pourquoi ne viendrais-tu pas passer les fêtes avec nous ?

Noël chez Madga ! C'est comme un rêve.

Le rêve se réalise bientôt. Il fait un froid à fendre les pierres lorsque je prends le train gare du Nord. Calée contre la vitre, je regarde défiler les paysages verglacés. Je somnole un peu. Enfin, le convoi s'immobilise en gare de Bruxelles. Sur le quai, j'avance au milieu des autres voyageurs, cherchant Magda du regard. Là voilà ! Elle est venue me chercher avec sa fille. Elles me font signe...

Mon séjour parmi avec eux ressemble à un rêve : un grand rêve plein de chaleur et d'amour. Nous allons voir un match de foot, auquel participe leur fils Peter. Puis j'accompagne leur fille Sophie à une partie de tennis. Nous allons ensemble, comme deux vieilles copines, faire des courses en ville. Les vitrines illuminées, les rues décorées, c'est un décor enchanteur. Magda m'accompagne dans les boutiques. Je regarde, émerveillée, les produits de beauté, les vêtements. Magda insiste pour m'offrir un pyjama aux couleurs du club de foot d'Anderlech.

C'est ainsi durant tout mon séjour : c'est à qui me fera le plus plaisir. Patrick m'emmène dans un parc d'attractions. Je passe la journée sur les manèges et le grand huit. D'un seul coup, tout est magique, tout est beau, tout est amusant. Magda, elle, veut que nous allions dîner au bord de la mer. Au restaurant, j'ai le vertige en découvrant les prix sur la carte. Mais Magda sourit et me conseille de ne pas m'inquiéter : je suis invitée. De retour chez eux, son fils se met en tête de faire mon éducation musicale ! Il me fait écouter des tas de CD, de groupes de jeunes que je ne connaissais pas. Et quand j'aime un morceau, il me l'offre !

Lorsque je regagne l'appartement de Fontenay, je garde en moi un trésor : mon premier Noël et des souvenirs heureux.

Début mars, mon oncle Bala me téléphone.

– Ton père est malade, me dit-il. Il est à l'hôpital.

L'hôpital ! Aussitôt, je pense à ma mère ! Elle aussi est partie à l'hôpital, et elle y est morte !

– Que se passe-t-il ? C'est grave ? je demande à mon oncle.

– On ne sait pas, me répond-il. Il a très mal au ventre…

J'ai beau interroger mon oncle, il ne peut me renseigner davantage. Il faut attendre que les médecins trouvent de quoi souffre mon père. Les jours suivants, je sursaute à chaque sonnerie du téléphone. J'attends des nouvelles de mon père, folle d'inquiétude.

Le coup de fil tant redouté finit par arriver. C'est encore mon oncle Bala qui appelle.

– Tina, commence-t-il, tu es une grande fille maintenant.

Le ton de sa voix m'inquiète.

– J'ai quelque chose de grave à te dire, poursuit-il. Tu sais, nous venons dans la vie, nous faisons notre chemin, et puis nous repartons. C'est notre destinée... À tous.

Je comprends ! Oh oui, je comprends, mais je refuse d'y croire. Ce n'est pas possible. Ce serait trop injuste !

– Tu vas devoir être forte, Tina, me dit encore mon oncle.

Les mots qu'il prononce ensuite résonnent dans ma tête. Mon père est mort ! Décédé ! Enterré ! Tout est fini.

– Que s'est-il passé ? je bafouille.

Mon oncle m'explique que mon père avait le ventre très gonflé. Les médecins ont tenté une première opération. En vain. Les chirurgiens n'ont pu ni le soulager, ni comprendre de quoi il souffrait.

– Ils se sont même demandé si Simon n'avait pas été empoisonné, dit mon oncle.

Je me demande un instant si des admirateurs de Godwin ne s'en seraient pas pris à lui, à cause de moi.

– Après l'opération, ton père avait toujours aussi mal, continue l'oncle Bala. Les médecins ont appelé Emmanuel pour lui expliquer la situation : soit ils opéraient de nouveau ton père, soit ils le laissaient partir. Ton frère devait prendre la décision. Il est allé au chevet de Simon et lui a répété ce que lui avaient dit les médecins. Ton père a dit à Emmanuel : « Laisse-moi partir... » Il est mort le 25 mars, Tina. Avant de partir, sa dernière pensée a été pour toi. Il ne pensait qu'au mal qu'on t'avait fait, tout ce mal... Il a dit : « Je n'ai pas revu ma fille... »

Longtemps après que mon oncle a raccroché, je reste là, effondrée, pleurant, le combiné du téléphone à la main. Francis, un éducateur, s'approche et raccroche pour moi.

– Mon père est mort, je lui dis.

– Si tu veux, tu peux aller à Lagos, pour l'enterrement.

Je secoue la tête.

– Tout est fini, dis-je. Mon père est mort, et il est enterré. Tout est fini. C'est inutile maintenant...

Me Péron m'annonce au début du mois de juin 2006 que je suis convoquée pour une série de confrontations. Mon avocate m'explique comment les choses vont se passer : je vais me retrouver dans un bureau, en présence d'un juge. Des policiers iront chercher en prison, l'une après l'autre, les personnes accusées de m'avoir fait du mal. Le juge posera des questions pour confronter nos déclarations respectives. Me Péron me rassure, ou plutôt tente de me rassurer. Je n'ai rien à craindre. Personne ne pourra me faire du mal. Tout ce que j'ai à faire, c'est répondre aux questions. Confirmer ce que j'ai déjà dit aux policiers qui ont mené l'enquête.

– Je serai à côté de toi, me dit-elle encore. Pour débuter en douceur, j'ai demandé au juge qu'on commence par la confrontation avec Mme Campbell.

La Mamie, ce sera un peu comme un entraînement. Penser que Me Péron maîtrise ainsi les évènements judiciaires, qu'elle peut choisir l'ordre des confrontations me redonne confiance. J'ai l'impression d'être maîtresse de mon destin.

Le 15 juin 2006, Me Péron et moi entrons dans le bureau du juge. C'est une femme, qui nous invite à prendre place sur les sièges placés devant son bureau. Je m'assieds juste en face de la magistrate, Me Péron tout de suite à ma gauche. À ma droite, il y a deux chaises vides. Je sais que, dans un instant, la Mamie et son avocat seront assis là. La greffière est installée devant sa machine à écrire, un peu à l'écart, sur ma droite.

La porte du bureau, dans mon dos, est restée ouverte. J'entends des bruits de pas et je me retourne. Ce que je vois alors me glace le sang.

15

Confrontations

Dans l'encadrement de la porte restée ouverte, là où je m'attendais à voir arriver la Mamie, surgit Linda Okpara ! Encadrée par deux policiers, elle avance dans ma direction d'un pas ferme, le visage fermé, revancharde et dédaigneuse. Rien ni personne, décidément, ne peut faire courber la tête à cette femme.

Je m'affole. Ce n'était pas prévu ainsi ! Me Péron paraît aussi surprise que moi et interpelle la juge.

– Ce n'est pas madame Campbell qui était convoquée aujourd'hui ?

– On ne fait pas toujours ce qu'on veut, lui répond la magistrate.

Mon avocate se tourne vers moi.

– Au moins, après, le plus dur sera passé, me souffle-t-elle.

Linda entre dans le bureau et tend ses poignets

entravés aux policiers. Ils lui retirent les menottes et elle s'assied à ma droite, à quelques mètres de moi seulement. La juge consulte sa montre. Elle semble pressée.

– Il est 14 h 55, dit-elle. Me Cotta n'est pas là ? Tant pis, nous allons commencer sans elle.

Depuis que Linda est entrée dans la pièce, je suis comme paralysée. Heureusement, parce que, dans le cas contraire, je crois que je serais capable de me jeter par la fenêtre pour lui échapper. Le regard fixé sur le bout de mes chaussures, j'essaie de reprendre mon souffle. Un poids m'écrase la poitrine, m'empêchant de respirer. Je sens les ondes maléfiques et la haine de Linda peser sur moi. Il ne faut pas que je tourne la tête dans sa direction ! Il ne faut pas que mon regard croise le sien... Sinon, elle brisera ma volonté et fera de moi ce qu'elle voudra.

Me Péron, elle, ne semble pas le moins du monde destabilisée. Elle fait face à Linda avec un calme qui m'impressionne.

La juge demande à la greffière de lire les déclarations que j'ai faites à la police. Tandis qu'elle commence sa lecture, je me revois au commissariat, face à la jeune femme policier qui m'interrogeait. Je me souviens de son prénom, Virginie. Elle s'était presque excusée lorsqu'elle devait me poser des questions difficiles. Cette fois-là encore, j'avais fini en larmes.

La lecture de mon procès-verbal est interrompue par l'arrivée de l'avocate de Linda. L'espace d'une seconde, j'ose enfin jeter un coup d'œil en direction de ma mère adoptive. Ses yeux lancent des éclairs.

La greffière ayant terminé sa lecture, la juge me demande si je confirme ma déposition.

– Oui... Tout s'est passé comme ça, dis-je.

Puis ce sont les déclarations de Linda que la greffière lit à voix haute. Je découvre que, face aux policiers, Linda a nié tout ce dont elle est accusée : elle ne m'a jamais maltraitée, jamais battue, jamais torturée ! Si je n'étais pas scolarisée, c'est que je recevais des cours à la maison par Internet.

Tous ces mensonges, elle les confirme aujourd'hui avec un culot incroyable.

Me Péron passe alors à l'attaque. Chacune de ses questions est un missile qu'elle envoie sur Linda Okpara. Je tremble toujours. J'ai l'impression que ma mère adoptive va finir par se lever et tout casser dans le bureau.

– Vous étiez souvent en voyage, madame Okpara, dit Me Péron. Qui faisait le ménage chez vous en votre absence ?

– Ma tante, madame Campbell, était là pour ça ! répond Linda.

– Tina devait-elle l'aider ?

– Je ne sais pas ! Je n'étais pas là. Si quelqu'un a fait travailler Tina, ce n'est pas moi qui l'ai exigé.

Je n'étais pas au courant de tout ce qui se passait en mon absence.

C'est un véritable bras de fer qui s'engage entre ces deux femmes. Elles s'affrontent du regard, de la voix. Me Péron ne cède pas d'un pouce. Qui lavait le linge ? Qui faisait les courses ? Qui s'occupait du repassage ? demande-t-elle. La Mamie ! La Mamie ! La Mamie ! répète Linda. Je devrais relever la tête, me redresser sur ma chaise, et faire taire cette menteuse ! Mais il y a ce poids qui m'écrabouille, et je suis incapable du moindre geste, du moindre mot. Je me dis que Linda a gagné la partie il y a longtemps déjà. Elle m'a brisée.

– Vous battiez Tina ? demande Me Péron.

– Non, répond Linda. Je n'ai jamais levé la main sur elle.

– Même quand elle n'était pas sage ? Ou qu'elle ne vous obéissait pas ?

– Tina a toujours été une enfant difficile, répond Linda.

Et je sens son regard sur moi, encore plus insistant.

– Son père est venue me voir à Lagos pour se plaindre. Il n'arrivait à rien avec elle. Elle ne lui faisait que des ennuis. Une vraie garce, qui se disputait avec tout le monde chez eux !

J'entends le cliquetis de la machine à écrire de la greffière qui enregistre tous ces mensonges. Cela me transperce le cœur. Mon père n'a pas pu dire cela de moi.

– Il m'a demandé de la prendre avec moi ! Il m'a suppliée ! poursuit Linda. Il disait qu'il n'y avait que moi qui arrivais à en tirer quelque chose. Qu'il fallait la reprendre en main. Elle n'avait même pas dix ans et vous savez ce que son père m'a dit ? Qu'elle était vicieuse ! Elle couchait avec tout le monde !

Un lourd silence suit les déclarations de Linda. J'aimerais pouvoir lire dans les pensées des adultes autour de moi. Avocats, magistrat... Ils sont intelligents. Ils ont fait des études. Vont-ils vraiment croire toutes ces horreurs ? C'est ma parole contre celle de Linda Okpara. Qui va-t-on croire ? L'enfant ou l'adulte ? La petite orpheline venue du Nigeria, ou l'épouse du footballeur du PSG ?

Je suis sous le choc. Me Péron doit s'en apercevoir puisqu'elle tente de m'apaiser. Elle me dit que je ne dois pas avoir peur. Que des gens maintenant sont là pour me protéger. J'ai déjà entendu ces arguments tant de fois. Cela n'empêche pas la peur de me ronger le cerveau, comme un cancer.

J'ai le week-end pour me remettre de cette épreuve, mais dès le lundi après-midi je suis de retour dans le bureau du juge. Cette fois, je suis confrontée à mon père adoptif.

Lui aussi récuse en bloc tout ce qu'on lui reproche, et il me traite de menteuse. Il ne crie pas comme sa femme. Il ne lance pas d'insultes ni d'imprécations. Son mode de défense est pourtant le même que celui de Linda : il me salit, moi, sa victime.

Sur les tâches ménagères, il reste vague, sous-entend que ce sont des affaires de femmes, donc pas de son ressort. Il ne s'occupait que de football. Me Péron lui pose les mêmes questions qu'à Linda : qui lavait, repassait, passait l'aspirateur ? Réponse : il ne sait pas. Me Péron insiste encore. Qui s'occupait de ses enfants ?

– La Mamie, la plupart du temps, répond-il.

– Vous ne trouvez pas que c'est beaucoup de travail pour une femme de soixante-cinq ans, monsieur Okpara ? demande Me Péron.

– Je ne sais pas...

– Avec le salaire confortable que vous gagnez, vous n'avez jamais pensé à engager une femme de ménage ?

Il hausse les épaules. Le juge lui demande ensuite sa version sur les viols dont je l'accuse. Godwin me jette un regard en coin et affirme qu'il me m'a jamais touchée.

– Votre femme vous a pourtant surpris alors que vous aviez une relation sexuelle avec votre fille, lui rappelle la magistrate.

– C'est Tina qui m'a piégé, répond-il sans sourciller. Ce jour-là, j'étais fatigué après l'entraînement et j'avais bu. De la vodka. J'étais ivre et je suis allé m'allonger pour me reposer. Tina est venue me rejoindre... Elle a commencé à me faire des choses et avant que je puisse la repousser, ma femme est arrivée.

Chacun de ses mensonges est comme un rouleau compresseur qui me passe dessus. Ils m'aplatissent l'un après l'autre. Ils m'enfoncent sous la terre.

Après Linda, c'est Godwin qui m'accable. Deux adultes contre une petite fille. Deux personnes riches et puissantes, contre une morte vivante. C'est un combat dont je ne peux sortir que vaincue. Me Péron a beau essayer de me remonter le moral en sortant du bureau du juge, je vois tout en noir. J'ai l'impression qu'au-dessus de ma tête s'accumulent de lourds nuages sombres. Et la tempête qui finira par éclater me sera fatale.

Il reste un espoir, un dernier peut-être. La Mamie. Dès demain, nous devons nous retrouver face à face. Loin de l'influence de Linda, de ses menaces, elle osera peut-être enfin dire la vérité et venir à mon secours.

C'est une étrange confrontation qui débute le mardi 20 juin 2006 à 14 h 45 précises dans le bureau de la juge. Je suis assise comme pour les séances précédentes en face de la magistrate, Me Péron à ma gauche. La Mamie arrive avec son défenseur et un traducteur, car elle prétend ne comprendre ni le français ni l'anglais. Il faut donc lui répéter tout ce qui se dit dans le bureau en yoruba. La séance est hachée, décousue, pénible... La Mamie se plaint beaucoup et se pose en victime. Concernant les sévices et les tortures que j'ai subis, elle ne sait rien. Il est évident qu'elle non plus n'a pas l'intention de dire la vérité.

Lorsque cette dernière confrontation s'achève enfin, je pousse un ouf de soulagement. Voilà au moins une épreuve terminée...

Je connais la prochaine étape : le procès devant la cour d'assises. Ce jour-là, il me faudra de nouveau faire face à mes bourreaux. Cette fois, ils seront réunis tous les trois dans le box des accusés, et ils répéteront leurs mensonges. Je me tourne vers Me Péron. Une question me brûle les lèvres.

– Est-ce que le procès sera aussi dur que les confrontations ?

16

La dernière épreuve

Mardi 29 mai 2007. Je découvre le décor où va se jouer le dernier acte judiciaire de mon histoire : la cour d'assises de Versailles. C'est ici, dans cette grande salle aux boiseries d'acajou et au sol de marbre blanc, qu'on va juger mes parents adoptifs. Le procès doit durer quatre jours.

Je m'installe au premier rang, à côté de mon avocate. En face de moi, la présidente, Mme Foncelle, une femme d'une cinquantaine d'années, porte la longue robe rouge des magistrats ; mais, à ma grande surprise, elle a des cheveux coupés court. Souvenir d'un vieux film, je m'attendais à découvrir un juge portant une perruque ridicule comme on en voyait à la cour de Louis XIV et frappant avec un maillet de bois pour réclamer le silence.

Je me tourne vers la salle tandis que les bancs du public se remplissent. Je cherche Néfertiti dans la foule. Ma copine de chambre a tenu à m'accompagner pour me soutenir. Deux éducateurs, Sylvia et Francis, sont là aussi. Leur présence me rassure un peu. Ce matin, je ne savais même pas comment m'habiller pour aller au tribunal. Sylvia m'a conseillé d'être naturelle. Alors j'ai mis un jean, un chemisier blanc et une veste noire.

Je suis surprise de voir autant de monde. Le palais de justice grouille de reporters attirés par la notoriété de Godwin. Un ancien footballeur du PSG aux assises, ce n'est pas courant. Une équipe de télé arrive, caméra à l'épaule, pour me filmer. Je refuse et ils s'éloignent, contrariés. Ces journalistes m'attendront tout à l'heure, à la sortie du tribunal, embusqués entre deux voitures, pour me filmer en cachette. J'ai bien trop d'autres soucis pour m'occuper d'eux.

Pour l'instant, le box des accusés est encore vide. Devant, une brochette d'avocats en robe noire s'installent. Le premier, un homme au visage rond et mal rasé, doit défendre la Mamie. Me Péron m'explique que les deux autres, un homme au crâne chauve et une femme brune qui porte ses lunettes posées sur sa tête, sont de grands avocats.

– Plus forts que vous ? je lui demande.

– Plus connus que moi en tout cas, me dit-elle avec un sourire.

Soudain, une rumeur parcourt le public. La porte du box des accusés vient de s'ouvrir. Un policier apparaît, Godwin sur ses talons. Il porte un polo blanc. Linda est juste derrière lui, les cheveux tressés, très élégante dans un blouson de cuir. Elle toise la salle. On dirait qu'elle cherche quelqu'un. Son regard s'arrête en rencontrant le mien et un sourire mauvais se dessine sur ses lèvres. J'essaie de me calmer, car je sens que je suis prise de tremblements. Je repense au conseil que m'a donné Sylvia juste avant de venir au tribunal. « S'ils t'effraient, pense que tu n'es pas obligée de les regarder ! » Je fais mine d'observer la présidente, en face de moi, suivant des yeux ses moindres gestes. À côté d'elle, je remarque un juré qui me fixe d'un air méchant. Il a l'air furieux...

La Mamie arrive à son tour. Contrairement à mes parents adoptifs, elle n'est pas incarcérée et comparaît libre. Elle semble perdue en entrant dans le prétoire, et il faut qu'un policier lui désigne le banc où elle doit aller s'asseoir, juste devant le box des accusés.

La présidente ajuste à présent ses lunettes sur son nez, et annonce qu'on va donner lecture de l'arrêt de renvoi. Me Péron m'a expliqué : c'est le document qui résume tous les faits reprochés aux accusés, l'enquête et même les expertises psychiatriques des accusés. Tête baissée, j'écoute cette terrible histoire qui est la mienne. Je n'ose pas lever les yeux. J'ai l'impression que tout le monde me regarde...

Lorsque la greffière achève enfin la lecture, et que la présidente fait appeler les premiers témoins, je suis sonnée comme un boxeur après un combat. Je suis ce début d'audience comme dans un brouillard. Des gens arrivent, se postent à quelques mètres de moi seulement, devant la barre des témoins, une plaque de verre surmontée d'une barre chromée. La présidente les interroge, ils répondent, et repartent sans que j'aie eu le temps de les identifier ou que je parvienne à me souvenir du rôle qu'ils ont joué dans mon existence... Un visage pourtant me paraît soudain familier. Qui est cet homme ? Je fouille ma mémoire. Le mot bonté s'impose à moi. Ça y est ! Je me souviens ! L'homme qui dépose face aux jurés, c'est le policier qui a retardé son départ en vacances pour s'occuper de moi. Il raconte dans quelles circonstances il m'a récupérée avec ses collègues, me jette un dernier regard bienveillant et va s'asseoir dans le public. Je m'aperçois que je ne connais même pas le nom de cet homme qui a été si bon pour moi.

D'autres policiers viennent ensuite expliquer comment ils ont arrêté Godwin.

– Nous nous sommes présentés à son domicile de Chatou, explique un enquêteur. Monsieur Okpara nous a ouvert lui-même la porte. Lorsque nous lui avons signifié que nous venions l'interpeller, il s'est tourné vers ses enfants et leur a dit : « *Say nothing ! Answer nobody !*[1] ».

Je n'ai en revanche aucun mal à reconnaître le témoin suivant. C'est Sonia qui s'avance vers la barre des témoins, la fille d'une amie de la Mamie.

– Dans quelles circonstances avez-vous connu la famille Okpara ? lui demande la présidente.

– Nous nous sommes rencontrés à l'église mormone, répond Sonia. Ma mère avait sympathisé avec madame Campbell, la grand-mère...

– Saviez-vous dans quelles conditions vivait leur fille Tina ?

– Je sais qu'elle dormait à la cave, parce que je l'ai suivie un jour.

– Comment était-elle habillée ? poursuit la présidente.

– Démodé !

– Démodé ? Que voulez-vous dire ?

Sonia ne répond pas. La présidente détaille son pantalon de jogging et son débardeur blanc.

– Et vous, l'encourage-t-elle, comment définiriez-vous votre tenue aujourd'hui ?

– Moi ? Je suis à la mode !

Sa réponse naïve déclenche quelques rires. Même moi, je me surprends à sourire. Peu importe. Tout le monde a compris ce qu'elle voulait dire, et c'est

1. « Ne dites rien ! Ne répondez à personne ! »

bien le principal. En outre, elle m'a permis de décompresser un peu.

La présidente consulte un papier dans le dossier ouvert devant elle. Puis elle appelle le témoin suivant. En entendant son nom, mon cœur saute dans ma gorge !

La porte s'ouvre, et soudain c'est comme si tout disparaissait autour de moi. Le tribunal, la foule, les juges, les avocats, et même les accusés dans leur box. Tout le décor se fond en un magma brumeux, au milieu duquel progresse Magda. Elle avance lentement, comme si elle avait peur de venir se placer à la barre des témoins, entre Godwin et moi.

À la demande de la présidente, elle décline son identité puis l'interrogatoire commence. Madga rapporte d'abord les circonstances qui l'ont amenée à fréquenter la famille Okpara. Le football. Les liens qui se sont tissés peu à peu puis ont perduré après le transfert de Godwin dans un club français. Enfin, les questions portent sur moi.

– Saviez-vous que Tina était martyrisée par ses parents adoptifs ? demande la présidente.

– J'avais remarqué qu'elle était traitée différemment des autres enfants, répond Madga.

– Que voulez-vous dire par « différemment » ? insiste la présidente.

– Elle travaillait tout le temps, du matin au soir… ce qui n'empêchait pas sa mère adoptive de lui crier dessus.

– Faux cul !

Dans le box des accusés, Linda se dresse et pointe un doigt rageur en direction de Magda.

– Tu es venue chez moi ! Tu étais mon invitée ! Tu as profité de moi ! hurle-t-elle.

Son avocat tente de la calmer.

– Madame Okpara ! Asseyez-vous et laissez le témoin tranquille ! ordonne la présidente.

– Tu te disais mon amie ! vocifère encore Linda. Et tu viens parler sur moi ici ! Traître ! Menteuse !

Les policiers saisissent Linda. Elle se rassied. Les traits de son visage sont déformés par la rage. À côté d'elle, Godwin se tient la tête entre les mains.

C'est maintenant au tour de Linda d'être interrogée.

– Dans quelles circonstances avez-vous adopté Tina ? lui demande la présidente.

– C'était la fille d'un de nos amis à Lagos, au Nigeria, répond Linda. Sa mère était morte. Son père ne savait plus quoi faire avec elle. Elle couchait avec tout le monde, même son frère. Elle se prostituait alors qu'elle n'avait même pas neuf ans. Il m'a suppliée de l'emmener avec moi. Il prétendait que j'étais la seule à pouvoir la reprendre en main.

– Avez-vous acheté Tina ? demande la présidente.

Acheté ? Je n'ai pas imaginé un seul instant que j'aie pu être achetée, comme une chose ou un animal !

– Non ! répond Linda.

La présidente cherche dans son dossier et en sort une feuille. Elle se tourne vers Godwin.

– Vous avez déclaré durant l'instruction avoir donné trente mille naira, l'équivalent de trois cent soixante-quinze euros, en deux versements, au père de Tina…

– C'était pour l'aider, répond Godwin. Je lui ai donné cet argent parce que je l'aimais bien et qu'il voulait s'acheter une moto.

Dans le box, Linda et Godwin continuent de répondre à la présidente. Tout m'est égal, à présent. Les questions. Les réponses. Les déclarations des uns et des autres. Tout cela n'a plus de sens pour moi. Seule compte cette révélation, qui m'anéantit : j'ai été achetée ! On m'a vendue ! Trois cent soixante-quinze euros ! Comment mon père a-t-il pu faire une chose pareille ? Je me rends à peine compte que l'audience vient d'être levée et que tout le monde se dirige vers la sortie. Néfertiti, Sylvia et Francis me rejoignent et m'entourent. Je ne les entends pas. Je ne les vois plus. Un orage a éclaté dans ma tête ! Des éclairs ! Du tonnerre ! Je ne pense plus qu'à une chose : trente mille naira, trois cent soixante-quinze euros ! Pour ces gens-là, c'est tout ce que je valais... C'est le prix de ma vie !

L'audience reprend avec la diffusion de l'enregistrement vidéo de ma déposition dans le bureau du juge d'instruction. Les avocats de la défense s'y opposent, mais Me Péron tient bon.

– Cela fait partie des preuves ! insiste-t-elle.

Elle n'a pas haussé le ton, mais c'est elle qui l'emporte et la présidente Foncelle demande qu'on procède au visionnage. J'ai tellement changé physiquement que j'ai du mal à croire que c'est bien moi sur cet écran. Entendre ma voix me fait mal, et je craque de nouveau. Je suis en larmes deux fois. Je pleure sur l'écran, et je pleure dans la salle d'audience.

L'écran s'éteint enfin et – voilà le moment que je redoutais tant – la présidente appelle à la barre des témoins Mlle Tina Okpara.

Je sens le regard de Linda sur moi, comme lors de la confrontation.

– Pouvez-vous nous décrire vos journées dans la maison de Chatou ? commence la présidente.

Elle parle doucement, je vois bien qu'elle essaie de me ménager. Je réponds, la gorge serrée, la voix brisée par l'émotion.

– Je me levais à cinq heures du matin. Je préparais les affaires pour les enfants, je les réveillais et leur donnais leur petit déjeuner. Puis je les accompagnais à l'école. Je revenais en courant, sinon je risquais de provoquer la colère de ma mère adoptive. Après, je passais l'aspirateur, puis la serpillière, et je préparais le déjeuner. L'après-midi, je lavais le linge, à la main car je n'avais pas le droit d'utiliser la machine à laver...

– Pourquoi ? s'étonne la présidente.

– Ma mère disait que j'étais trop nulle... Après, je repassais, je faisais la cuisine. Je devais aussi m'occuper du jardin. Je n'étais jamais couchée avant minuit.

– Est-ce qu'on vous frappait ? demande la présidente.

– La grand-mère me giflait. Monsieur Okpara me battait aussi, mais c'est sa femme qui me frappait le plus souvent et avec n'importe quoi : des outils de jardin, des ustensiles de cuisine, des chaussures...

– C'est faux ! Tout ça, c'est des mensonges ! Elle était traitée comme les autres ! Elle vivait et mangeait comme les autres !

Une fois de plus, Linda s'est dressée dans son box.

– Regarde-moi ! hurle-t-elle à mon intention. Regarde-moi, espèce de menteuse, et ose répéter ce que tu viens de dire !

Je me tourne alors dans sa direction. Je sais qu'elle ne peut plus m'atteindre. Ce soir, je ne rentrerai pas chez elle. Je me sens soudain plus forte.

– Je n'ai plus peur de toi, lui dis-je, soutenant son regard.

– Vous n'êtes jamais allée à l'école, n'est-ce pas ? poursuit la présidente.

– Jamais. C'est ça le pire pour moi : on m'a fait venir du Nigeria, en me promettant que j'irais à l'école et au lieu de ça...

– Madame Okpara, dit la présidente en se tournant vers le box des accusés, pourquoi n'avez-vous jamais scolarisé votre fille adoptive ?

– Elle était trop nulle, répond Linda. Elle n'avait pas le niveau, ça n'aurait servi à rien.

La présidente revient à moi. Elle baisse la voix.

– Parlez-nous de ce qui s'est passé avec Godwin Okpara, dit-elle.

Il me faut donc faire de nouveau le récit de mon calvaire. Je raconte, brisée, honteuse, comment Godwin m'a entraînée dans la cave. Je raconte l'épisode de Noël et des bouteilles de gaz. Je parle de toutes les autres fois...

La présidente se tourne vers Godwin :

– Reconnaissez-vous avoir eu des relations sexuelles avec votre fille adoptive ?

– C'est arrivé une seule fois, répond Godwin. À cette époque-là, j'avais quitté le PSG et le Standard ne voulait pas renouveler mon contrat. Je n'avais plus de club et j'étais inquiet pour mon avenir...

– Votre carrière ne nous intéresse pas, monsieur Okpara, le coupe la présidente. Je vous demande si vous avez eu des relations sexuelles avec Tina.

– Ce jour-là, j'avais bu trois bouteilles de vodka, poursuit Godwin. Moi qui n'avais pas l'habitude de l'alcool, je me sentais mal... J'ai voulu aller m'allonger. Tina m'a rejoint dans ma chambre. Je ne l'ai jamais forcée. En fait, je n'ai pas couché avec elle, c'est elle qui a couché avec moi. C'est le jour où ma femme nous a surpris.

– Que s'est-il passé lorsque madame Okpara est arrivée ? me demande la présidente.

Je pleure toujours, cramponnée à la barre chromée.

– Je me suis sauvée, dis-je, mais je ne savais pas où aller... Alors je suis revenue à la maison. Linda m'a fait monter dans la chambre et m'a dit de me mettre toute nue. Elle m'a rasé la tête... Elle est descendue à la cuisine, elle est revenue avec une pipette pleine de sauce au piment...

Je poursuis mon récit. Dans la salle d'audience, j'entends des petits gémissements étouffés. Je ne suis plus la seule à pleurer... Je poursuis mon témoignage, coûte que coûte, dans les larmes, un mot après l'autre.

– Linda est allée chercher une lame de rasoir, elle m'a coupée, deux fois, au bas ventre. Quand elle est ressortie, elle m'a dit que je ne devais pas salir sa moquette avec mon sang.

Voilà. J'ai fini. Je suis arrivée au bout de mon récit. Je regagne ma place, près de Me Péron. Dans la salle, l'émotion est palpable. Un long et lourd silence s'installe, comme si personne n'osait prendre la parole. Enfin, la présidente apostrophe Linda :

– Niez-vous toujours avoir torturé Tina ?

– Je suis innocente ! Elle ment !

La présidente se tourne vers la Mamie.

– Vous étiez présente ce jour-là, Mme Campbell… Qu'avez-vous à dire ?

– Je ne sais pas, commence la Mamie d'un ton geignard. Linda m'a dit que Tina avait fait des choses avec son père... Je suis allée voir Tina. Elle pleurait beaucoup, alors je l'ai prise dans mes bras.

– C'est faux ! Tu as tout vu et tu n'as rien fait !

Cette fois, c'est moi qui me suis levée. Je m'étonne moi-même. J'étais terrifiée avant le procès et maintenant, dans le feu de l'audience, je suis capable de me défendre toute seule.

– Tu as toujours dit que tu étais croyante ! Un croyant ne dit pas de mensonges ! Alors il faut dire la vérité aujourd'hui ! Tu étais là, et tu m'as dit qu'il fallait que sa colère se passe !

– Je ne suis au courant de rien, répond la Mamie. Je le jure sur la Bible… Je n'ai rien vu.

Ce vendredi 1er juin, le procès touche à sa fin. J'ai versé plus de larmes durant ces quatre jours d'audience que mon corps ne pouvait en contenir.

Je suis passée par tant d'émotions fortes, que je suis complètement éreintée... Me Péron, une fois de plus, m'a expliqué comment les choses allaient se dérouler. L'avocate générale, Mme Chapelle, doit parler la première. Elle représente la société, et en son nom elle réclamera la peine qui lui paraît juste.

– Tina a été mise en esclavage, dit-elle. Pire même, puisque cette jeune fille a été obligée de satisfaire les besoins sexuels de Godwin Okpara. Ce dernier a violé sa propre fille pendant deux ans. Et quand elle l'a découvert, Linda Okpara a fait preuve d'une sauvagerie et d'un sadisme inouïs. Je requiers pour tous les deux une peine de dix à douze ans de réclusion criminelle. Contre madame Badejoko Campbell, qui savait, qui voyait, qui aurait pu venir en aide à Tina mais qui n'a rien fait, je réclame une peine de trois ans, dont trente mois avec sursis.

Me Péron se lève à son tour, très calme.

– Au Nigeria, soixante et onze pour cent de la population vit avec moins d'un dollar par jour, commence-t-elle.

Elle parle d'une voix douce. Chaque mot qu'elle prononce est soigneusement pesé.

– Tina vivait dans une famille modeste, mais ses parents subvenaient aux besoins ordinaires et jamais elle ne s'est plainte de la pauvreté. Il y avait toujours à manger dans son assiette. Mais sa mère meurt, et des tensions apparaissent avec sa belle-mère. C'est alors que Godwin et Linda Okpara interviennent. Ils proposent d'adopter Tina. Peut-être y a-t-il des pressions : après tout, le père de Tina a un travail et un logement grâce au parrain de Godwin. En tous cas, il y a des promesses : celle d'un avenir meilleur pour Tina et d'un peu d'argent. Tina n'a pas été vendue par son père, mais elle a été achetée par le couple Okpara qui voulait s'offrir une petite bonne.

Dans la salle, on entendrait une mouche voler. Même Linda, pour une fois, se tait.

– Qui est Linda Okpara ? poursuit Me Péron. Une femme intelligente, énergique, brillante, mais totalement dépourvue d'amour maternel. Elle ne peut pas aimer et ne veut qu'une chose : la réussite matérielle. Elle accumule la fortune – quatre maisons au Nigeria, la cinquième en construction, un appartement à New York, la villa de Chatou ! – et ne paie aucune dette. C'est aussi une femme dominante, qui règne en despote sur son mari, ses enfants et sa maison. La moindre frustration ou contradiction la conduit à des colères sans limites.

Me Péron se tourne vers le box. Linda la toise d'un œil noir.

– Nous l'avons vue, lors de cette audience, « non énervée » selon son avocat.

Puis Me Péron s'attaque à Godwin.

– Il savait que Tina dormait au sous-sol. Il la traite sans égards, la laisse décharger le bois et le couper, les bras croisés... puis il finit par la violer, de plus en plus souvent, en la frappant, en la menaçant... l'utilisant pour toutes les pratiques dont il n'use pas avec sa femme. Tina est à sa merci, il le sait et en abuse. Aujourd'hui, il nie les faits. Il n'a même pas le courage de s'excuser du mal qu'il a fait à cette enfant.

Et voici le tour de la Mamie.

– Elle aurait pu être un refuge pour Tina. Elle a préféré être l'instrument de Linda Okpara.

Une pause. Me Péron arrive au terme de sa plaidoirie.

– Ils sont tous coupables, dit-elle. Coupables d'avoir retiré une enfant à son pays, à sa famille, à ses amis, à sa scolarité... pour la soumettre, dans une totale dépendance, dans un pays étranger, pendant quatre ans et demi, dans des conditions inhumaines. Dans la terminologie de la loi française, le mot « esclavage » n'existe pas. Alors je parlerai de crime contre l'humanité.

Pour finir, elle s'adresse aux jurés, leur demandant de punir Godwin de vingt années de réclusion et la Mamie de dix ans. Pour Linda, elle réclame la perpétuité !

C'est le grand avocat chauve, aux lunettes à fine monture, qui prend la suite. Me Joseph Cohen-Sabban, l'avocat de Godwin, fait de grands gestes pour appuyer son discours. Quand il écarte les bras, on dirait un grand oiseau noir. Il est vraiment très impressionnant. Il évoque l'enfance pauvre de Godwin. Il l'appelle « l'enfant aux pieds d'or ». Sa réussite, la gloire, l'argent, qui lui tombent subitement dessus grâce au football, lui font perdre le sens de la mesure.

– Sa maturité et sa pensée n'ont pas suivi, dit l'avocat en désignant Godwin dans le box. Cet homme était un joueur exceptionnel, mais il avait l'esprit d'un enfant de douze ans. Sa femme le dominait, tenait les rênes de sa vie. Et au final, il n'a pas su considérer Tina comme sa fille.

Me Françoise Cotta fait elle aussi des effets de manches. Elle marche de long en large et scande sans cesse le même refrain : « C'est pas facile ! C'est pas facile ! », comme si elle voulait l'enfoncer dans la tête des jurés.

– C'est pas facile d'être une descendante d'esclave, dit-elle. C'est pas facile d'être une petite fille pauvre. C'est pas facile de devenir riche d'un seul coup, grâce à son mari footballeur...

À l'écouter, Linda a toutes les excuses et c'est moi la coupable !

Enfin, Me Florent Hauchecorne demande purement et simplement l'acquittement de la Mamie. Selon lui, il n'y a rien d'important contre elle dans le dossier.

Je suis soudain prise d'un doute. Toutes ces plaidoiries m'ont paru très impressionnantes, bien plus que celles de mon avocat. Ces avocats ont parlé plus longtemps, et plus fort. Et si Godwin et Linda s'en sortaient finalement ? Que se passerait-il pour moi ? Est-ce qu'on me renverrait chez eux ? Est-ce que tout recommencerait comme avant ?

La présidente demande aux accusés s'ils souhaitent ajouter quelque chose avant que les jurés ne se retirent pour délibérer. Godwin se lève. Il me regarde.

– Je m'excuse pour le mal que je t'ai fait et pour le mal que ma famille t'a fait, dit-il.

Un temps. Puis il ajoute un mot, un seul.

– Pardon, dit-il avant de se rasseoir.

– Madame Okpara ? demande la présidente.

– Je n'ai rien à dire, grogne-t-elle.

La présidente se tourne vers moi.

– Tina, voulez-vous dire quelques mots ?

Je me lève, face aux accusés.

– Ce n'est pas à moi de les juger, c'est le travail de la justice, dis-je. Je veux juste être loin d'eux et ne plus les voir. Jamais. Mais je ne souhaite pas qu'ils aillent en prison à cause de moi…

La salle se vide dans le brouhaha. Linda et Godwin sont emmenés par les policiers. Je ne sais pas ce qu'il faut faire.

– On va aller boire un café en attendant le verdict, dit Me Péron.

Nous nous entassons autour d'une table dans une brasserie, non loin du palais de justice. Néfertiti parle beaucoup. Sylvia est inquiète. Combien de temps dure la délibération du jury ? Linda et Godwin peuvent-ils être acquittés ? Et pourquoi ceci, et pourquoi cela ? Me Péron répond, recommande la patience. Je repense aux plaidoiries. Un peu avant vingt heures, nous sommes de retour au tribunal. Les jurés font leur apparition quelques instants plus tard. Tout le monde est debout, attendant l'annonce du verdict. Il y a une tension incroyable, de l'électricité dans l'air ! Je suis inquiète, horriblement inquiète. Puis l'un des jurés, à la demande de la présidente, prend la parole. Godwin Okpara : coupable ! Linda Okpara : coupable ! Badejoko Campbell : coupable !

La présidente annonce les peines elle-même. Quinze ans de réclusion pour Linda, treize ans pour Godwin, cinq ans dont quatre avec sursis pour la grand-mère[1]. Je me tourne vers Me Péron, car je ne comprends pas le mot sursis. Elle m'explique quand, soudain, des hurlements se font entendre.

Dans le box des accusés, Godwin est impassible. Linda, elle, s'est mise à danser et à hurler comme

---

1. En février 2008, Godwin Okpara a vu sa peine réduite à dix ans de réclusion criminelle par la cour d'assises d'appel des Hauts-de-Seine. Linda Okpara a vu sa peine de quinze années de réclusion criminelle confirmée. Badejoko Campbell a écopé, elle, de quatre ans de prison dont dix-huit mois ferme.

une démente. Elle se frappe le front contre la rambarde du box.

– Mesdames ! Messieurs ! hurle-t-elle.

Je ne comprends pas ce qu'elle dit ensuite, elle profère des menaces dont je ne saisis pas le sens. Les policiers tentent de la maîtriser.

– Merci, Tina ! parvient-elle encore à crier. Merci, et bonne chance en France !

Les gardes l'emmènent. Les cris s'éteignent. C'est fini. Cette fois, c'est bien fini. Le cauchemar est terminé.

Un homme s'approche de nous. C'est le juré qui me fixait étrangement au début du procès. Cette fois, un grand sourire éclaire son visage. Il prend une main de Me Péron dans les siennes et la félicite chaleureusement.

– Bravo, maître, dit-il. Bravo…

17

La survivante

Je suis assez forte et indépendante pour vivre seule maintenant. C'est ce que m'annoncent les éducateurs. Ils me disent que je peux être fière du chemin parcouru. C'est le cas. Je suis fière, heureuse et triste à la fois. Heureuse parce qu'une nouvelle vie s'ouvre devant moi, triste parce que je vais devoir quitter le nid accueillant et rassurant de Fontenay où j'avais mes repères et mes habitudes.

Je m'installe quelque temps plus tard dans un studio. Vingt mètres carrés, dans un quartier tranquille. Cette fois, pas de colocataires ni de copines de chambre. Encore moins d'éducateurs qui dorment dans le bureau sur un lit pliant. Je dois apprendre à vivre seule. Enfin presque. Chaque soir, un vigile vient frapper à ma porte. Si je ne réponds pas, il utilise son double de clés pour entrer et vérifier que tout va bien. Il me trouve endormie, referme la porte sans bruit et continue sa ronde. Sa présence est sécurisante mais m'empêche de grandir. J'ai la volonté farouche de devenir une jeune fille comme toutes les autres. Après quelques jours, je lui demande donc de ne plus passer. Savoir que je peux l'appeler en cas de problème me suffit.

Je sais que Godwin et Linda sont derrière les barreaux pour de longues années. Hélas, il n'existe pas de prison où enfermer ses cauchemars. Parfois, le soir, mes horribles souvenirs plantent leurs crocs empoisonnés dans mon cœur.

Dans ces moments-là, c'est comme si je m'enfonçais sous terre. Je descends les marches d'un escalier. C'est profond, très profond, et je me retrouve dans une pièce sinistre et glacée qui ressemble à la cave humide du chemin des Petits-Chênes. Tout autour de moi sont exposés les tableaux de ma vie. Sur l'un de ces tableaux, notre voisine à Lagos crie que ma mère va mourir... Sur un autre, mon père m'embrasse à l'aéroport... Il y a des tableaux avec Godwin, celui où il me viole, celui où je dois lui demander pardon à genoux. Les plus nombreux représentent Linda : Linda qui me frappe, Linda que je dois masser, Linda qui m'insulte, Linda qui me rase la tête, Linda qui me torture avec la sauce au piment, Linda tenant la lame de rasoir…

Voilà mon enfer : je suis la conservatrice de ce musée personnel des horreurs, condamnée à contempler à jamais les monstrueux tableaux de ma mémoire.

Et maintenant, que vas-tu faire ? On me pose souvent la question depuis le procès de mes parents adoptifs. Je réponds « Infirmière » ! Cela paraît impossible, inaccessible, à une jeune fille qui n'a pas été scolarisée. Mais je me bats et je travaille dur. En septembre 2006, je passe même un examen – avec une partie écrite, en français ! – et j'obtiens un certificat d'auxiliaire de vie en gérontologie, délivré par la Croix-Rouge. Grâce à cela, je suis embauchée aussitôt dans un service de gériatrie. Je découvre l'esprit d'équipe, l'ambiance si particulière d'un service médicalisé, le travail avec les aides soignantes et les infirmières...

Au centre, je mets un point d'honneur à être toujours gaie et enjouée. Tristesse interdite ! Je m'applique toujours à apporter de la joie et de l'énergie aux personnes âgées. Un mot gentil, une attention, ça ne coûte rien et quand grâce à moi un sourire illumine leurs beaux visages ridés, que leurs cheveux paraissent soudain moins gris, leurs membres moins raides et leur voix moins chevrotante, je suis l'employée la plus heureuse du monde... Leur bonheur est le meilleur des baumes pour panser les blessures de mon âme. Ma seule crainte est de voir mes chers patients disparaître un jour. Ce qui, hélas, arrive parfois...

Aucune de mes collègues ne connaît mon histoire. Je veux être une jeune fille comme les autres et je ne veux ni pitié, ni traitement de faveur. Je dissimule donc avec soin mon lourd passé. Ce qui n'est pas toujours facile...

Un jour, Aminata me demande si je souhaite l'accompagner pour aller faire du shopping. J'accepte avec joie. J'aime beaucoup Aminata. Le travail, avec elle, est agréable et petit à petit, nous nous sommes découvert des affinités. Je l'accompagne et cette sortie est bientôt suivie d'autres... Nous nous amusons et nous rions. Elle m'interroge souvent : d'où je viens ? Mes origines ?... Je lui réponds que je suis originaire du Nigeria. De Lagos. Mais il y a forcément des « trous » dans mon histoire et ces trous intriguent Aminata. Ses questions se font plus précises, et le ton plus insistant. J'ai longtemps réfléchi, jugé le pour et le contre, évalué surtout si je pouvais faire confiance à ma nouvelle amie. Un jour, elle m'interroge à nouveau et cette fois, je décide de tout lui révéler. Elle m'écoute sans dire un mot. Le résumé de ma vie la glace sur place. Pétrifiée. Stupéfaite. Je crois qu'elle avait imaginé que je cachais un secret douloureux, mais pas à ce point.

– Je n'en parlerai à personne, me dit-elle. Je te le promets... Jamais. À personne.

Aminata a tenu sa parole. Jamais personne n'a appris de sa bouche ma terrible histoire.

L'autre difficulté, c'est que le nom de Godwin Okpara est célèbre et les supporters du PSG ne l'ont pas oublié. Parfois, lorsque j'annonce mon nom, mon interlocuteur s'étonne. Okpara ? Tu es de la famille du footballeur ? Dans ce cas-là, je fais l'ignorante : quel footballeur ? Immanquablement, mon interlocuteur se lance dans des explications. Un joueur du PSG, accusé de viol sur sa fille. Et tout ça. Il est en prison. Tu n'as pas entendu parler ? Non. Jamais. Je prétends que Okpara est un nom très répandu au Nigeria.

Mon histoire peut ainsi ressurgir n'importe où, n'importe quand. Un collègue m'invite un jour avec d'autres filles du centre à une raclette qu'elle organise chez elle. J'aime bien cette collègue. C'est une fille joyeuse toujours en train de blaguer ou de me charrier gentiment sur mon mauvais français.

– Depuis tout ce temps que tu es en France, Tina ! Tu es vraiment nulle ! a-t-elle l'habitude de dire.

Elle ne peut évidemment pas savoir qu'elle me renvoie aux heures noires de mon histoire. Lorsque Linda me disait que je n'étais pas assez intelligente pour aller à l'école. Elle aussi me traitait de « nulle ».

Le soir de la raclette, je me retrouve donc autour de la table avec des collègues, cette fille et un garçon de sa famille. On parle de choses et d'autres. Je vois que le jeune homme me dévisage. Est-ce mon nom de famille ? Ma figure ? Il prétend qu'il me connaît sans se souvenir d'où ni comment. Moi, je suis sûre de ne l'avoir jamais rencontré auparavant.

La soirée se termine. Quelques jours plus tard, au centre, ma collègue m'interpelle.

– Viens dans le parc, me dit-elle. J'ai quelque chose à te dire...

La connaissant, je m'attends à une blague. Mais son visage est au contraire extrêmement sérieux. Elle sort de sa poche une coupure de journal. Le titre me saute au visage : Godwin Okpara condamné pour le viol de sa fille.

– C'est toi ? me demande-t-elle.

Que dire ? Nier une fois encore ?

– Oui, c'est moi, dis-je.

Ma collègue m'explique alors que son parent, persuadé de me connaître s'était lancé dans des recherches. Et il a fini par tomber sur cet article. Elle est désolée. Elle ne sait que dire. Elle m'avoue qu'elle repense à toutes les plaisanteries qu'elle m'a faites. Si elle avait su... Je la rassure. Elle ne pouvait deviner. Et ses blagues ne m'ont jamais blessée. Je veux être traitée comme n'importe qui d'autre. Je ne veux rester la victime de Linda et Godwin Okpara à perpétuité !

J'ai quitté le foyer sécurisé où j'avais mon studio. Là où je vis désormais, il n'y a plus de gardiens, plus d'éducateurs. Les cauchemars, en revanche, sont toujours là. La peur aussi. Il m'est même arrivé de croire reconnaître Godwin Okpara dans la rue. J'ai paniquée en pensant qu'il était sorti de prison et qu'il venait pour se venger. C'était une erreur bien sûr... Je n'étais victime que d'une vague ressemblance.

Lorsque j'étais encore prisonnière dans la cave de Chatou, je me souviens avoir écrit un jour, dans mon journal intime : « Est-ce que quelqu'un viendra un jour juste pour m'écouter ? ». Depuis que je me suis libérée, j'ai rencontré des dizaines de personnes qui m'ont écoutée. Je suis même retournée à Lagos et mes frères et ma famille m'ont accueillie à bras ouverts. Tout cet amour, toute cette chaleur me donne une énergie incroyable. Et la force de gagner mon difficile pari : être une jeune fille comme les autres.

Postface

Les petits damnés de la Terre

Tee-shirt moulant, jean à la mode, maquillage discret, rien ne distingue, aujourd'hui, Tina des autres jeunes filles de son âge. Elle porte parfois des lentilles qui font briller ses pupilles d'un bleu lumineux, écoute du R n' B, aime faire du shopping avec ses copines et aller danser.

Elle a un sourire très doux derrière lequel elle cache son douloureux passé. J'ai appris dès notre première séance de travail quelle était la plus profonde de ses blessures.

– Ils ne m'ont pas envoyée à l'école, m'a-t-elle dit.

Et à cet instant, j'ai vu des larmes couler sur ses joues. Car ce qui lui fait le plus mal, encore aujourd'hui, ce ne sont pas les privations, les insultes ou les violences physiques qu'elle a subies. Tina a bien compris que le plus grand tort qu'on lui a causé, c'est de l'avoir privée d'éducation et d'avoir amputé son futur...

Le Bureau international du travail (BIT) estime à plus 250 millions le nombre d'enfants de cinq à quatorze ans qui sont esclaves actuellement dans le monde. Des millions et des millions de gosses qui triment dans des conditions inhumaines pour fabriquer les gadgets que réclame notre société de consommation[1], qui souffrent et parfois meurent sous les coups de leurs « propriétaires ».

Il est abominable, le tour du monde de l'esclavage des enfants. Il donne le vertige ! La vie des enfants mineurs en Bolivie est un enfer sur Terre. Les gosses, en raison de leur petite taille, sont envoyés au plus profond des boyaux souterrains. Leur santé et leur vie sont menacées par les produits toxiques qu'ils manipulent pour extraire l'étain. À la sortie de la mine, ils sont agressés par des travailleurs adultes, ivres, qui les brutalisent.

En Inde, près de 420 000 enfants tisserands sont exploités dans l'industrie du tapis. Ceux qui sont embauchés de force dans des fabriques de verre triment comme des damnés auprès de fourneaux

1. À titre d'exemple, on a découvert en 1996, que près de 70 % des 40 millions de ballons de football destinés au grand public, étaient cousus à la main par des enfants dans des manufactures pakistanaises de Sialkot.

dont la température avoisine les 1 600 °C. Au Bengladesh, au Népal et au Sri Lanka, on trouve des enfants dans des plantations de thé. Au Zimbabwe, ils ramassent le coton et le café, soixante heures par semaine. Au Brésil, près de 3 millions de mineurs âgés de dix à quatorze ans s'échinent dans les plantations de sisal, de thé, de tabac, de coton et de canne à sucre.

En République dominicaine, des gosses de huit à quinze ans, venus d'Haïti, travaillent douze heures par jour, sept jours par semaine, dans les plantations de canne à sucre. Ils dorment dans des baraques dépourvues d'eau, d'électricité et de sanitaires. Des gardes les surveillent pour les empêcher de s'évader.

De l'autre côté de l'île, en Haïti, l'esclavage des enfants est une tradition. Interdit dans les textes, le système perdure pourtant dans tout le pays. Les enfants esclaves sont appelés Restavec, un terme créole formé avec les mots « reste » et « avec », car ces pauvres gosses doivent demeurer à portée de voix de leur maître. Issus de familles misérables, ils sont cédés à d'autres familles, un peu moins démunies. Le marché est le suivant : nourriture et éducation en échange de quelques heures de travail par semaine. En réalité, les Restavecs sont des domestiques corvéables à merci. Ils travaillent dès l'aube et jusque tard dans la nuit. Leur tâche comprend le transport de l'eau, le ménage, la lessive, le nettoyage, la préparation des repas, le soin et la garde des autres enfants de la famille. Ils dorment par terre, dans un coin de la maison, sur un tas de chiffons, ou carrément à l'extérieur, et ne sont nourris qu'avec des restes. N'ayant pas d'état civil, ils n'ont pas d'existence légale – ce qui est pratique quand on veut se débarrasser d'eux. Quand ils grandissent, les « propriétaires » les jettent à la rue. Les garçons finissent délinquants, voleurs, assassins ; les filles se prostituent dans les allées du cimetière de Port-au-Prince où le sida fait des ravages[1].

De temps à autre, l'esclavage des enfants prend un visage. Vous vous souvenez sans doute du Pakistanais Iqbal Masih. Il a surgi en 1995 sur nos écrans de télévision en poussant ce cri : « N'achetez pas le sang des enfants. » Terribles images que celles de ce petit garçon aux grands yeux noirs, qui montrait aux caméras du monde entier ses mains usées, déformées par le travail et semblables à celles d'un vieillard.

La planète entière découvrait son histoire : Iqbal n'avait que quatre ans lorsque ses parents ont été contraints de le vendre pour l'équivalent de douze

1. Cyril Guinet, « Restavec, l'histoire d'un enfant que vous n'oublierez jamais », *Le Nouveau Détective* (19 juillet 2006-30 août 2006).

dollars. Enchaîné à un métier à tisser, Iqbal doit alors effectuer des milliers de nœuds en fil de laine, du matin au soir, pour fabriquer des tapis. Parvenu à s'évader, il a le courage d'aller trouver une association pour dénoncer les esclavagistes. Il raconte ses dix à douze heures de labeur quotidien, les conditions de travail abominables, les coups lorsqu'il s'endort sur sa tâche...

Un témoignage dérangeant. Iqbal a été assassiné en 1995 dans des circonstances douteuses, mais il y a peu de doute : la mafia du tapis est certainement derrière cette exécution. Iqbal avait douze ans...

Si la majorité de ces enfants vivent dans des pays du tiers-monde, on trouve aussi des petits esclaves en Amérique du Nord et en Europe. Deux millions de jeunes travailleraient ainsi, en Italie, en Allemagne, au Portugal et au Royaume-Uni.

Selon un rapport adressé au ministère de l'Intérieur britannique, des centaines d'enfants originaires d'Afrique, d'Asie et d'Europe de l'Est vivent clandestinement en Grande-Bretagne. Les trafiquants les achètent à des parents pauvres en leur faisant miroiter, comme d'habitude, l'espoir d'une vie meilleure pour l'enfant. Ces trafiquants prétendent, en outre, que l'enfant pourra aussi aider financièrement sa famille en envoyant de l'argent au pays. Ce n'est évidemment jamais le cas. À peine arrivés sur le sol britannique, les petites victimes sont mises au travail, font l'objet de mauvais traitements physiques, parfois même d'abus sexuels. Ces enfants sont exploités dans des restaurants, des ateliers de couture ainsi que dans la culture clandestine et le conditionnement du cannabis. D'autres alimenteraient les filières de prostitution enfantine.

Et la France ? L'abolition de l'esclavage date du 27 avril 1848. Pourtant, en juin 2010, au moment où j'écris ces lignes, un nouveau procès se déroule pourtant devant la cour d'appel de Paris. Un couple est accusé d'avoir amené Rose, une petite Malienne de onze ans, en France en 1997, avec de faux papiers, et de l'avoir contrainte à travailler quinze heures par jour dans leur pavillon de Bondy (Seine-Saint-Denis), et ce pendant neuf ans.

Dix ans plus tôt, Henriette, une petite Togolaise de douze ans, a connu un destin similaire, dans une famille bourgeoise parisienne[1]. Elle a été libérée par des membres du Comité contre l'esclavage moderne[2]. L'association dénonce aujourd'hui des

---

1. Henriette Akofa, *Une esclave moderne*, Michel Lafon, 2000.

2. Comité contre l'esclavage moderne : fondé en 1994 par la journaliste Dominique Torrès, le CCEM a pour objectif premier de lutter contre toutes formes de servitude, d'assister, et de libérer s'il y a lieu, les victimes de l'esclavage.

dizaines de dossiers semblables. Le scénario est toujours le même : on fait venir une jeune fille d'un pays d'Afrique ou du Maghreb en lui promettant monts et merveilles. À l'arrivée, on lui confisque ses papiers, on la coupe de tout contact extérieur, notamment de sa famille. Elle devient domestique, sans salaire, et dans des conditions de travail et d'hébergement inhumaines.

Tina, aujourd'hui, n'appartient plus à la sinistre cohorte des enfants esclaves. Elle ne fait plus partie des « innocents dans un bagne, anges dans un enfer » dénoncés par Victor Hugo[1]. Sa force de caractère et son intelligence, et surtout l'amour qu'elle porte à son prochain, permettent tous les espoirs. En quelques mois, elle a appris le français, réussi un examen pour devenir auxiliaire de vie. En quelques mois, elle a été capable d'affronter, seule, une vie quotidienne pour laquelle elle n'avait reçu aucun apprentissage. Ceux qui ont voulu la

1. « Melancholia », poème de Victor Hugo, dont les vers les plus connus sont :

« Où vont tous ces enfants dont pas un seul ne rit ? / Ces doux êtres pensifs que la fièvre maigrit ? / Ces filles de huit ans qu'on voit cheminer seules ? / Ils s'en vont travailler quinze heures sous des meules ; / Ils vont, de l'aube au soir, faire éternellement / Dans la même prison le même mouvement. »

détruire, la rabaisser plus bas que terre, la déshumaniser ont échoué.

Il lui reste maintenant à vivre et à réaliser ses rêves. Devenir infirmière. Rencontrer un homme qui l'aimera. Devenir maman… Tina rêve d'avoir une famille nombreuse. Quatre enfants.

Tu as vingt-deux ans, Tina. Tu es jeune. Tu as toute la vie devant toi, pour être heureuse et pour te fabriquer de nouveaux souvenirs. Des souvenirs heureux.

Cyril GUINET
Juin 2010.

Table des matières

Remerciements

Je remercie la France qui m'a libérée et qui m'a rendu justice.

Je remercie Maître Martine Peron, mon avocate, mon ange-gardien. Elle m'a fait comprendre qu'il ne suffit pas de parler fort et de gesticuler pour se faire entendre.

Je remercie Mme Véronique Ayton, son assistante. Son sourire et sa gentillesse sont gravés à jamais dans ma mémoire.

Je remercie mes frères, Emmanuel et Ayuba, ma soeur Esther, mon oncle Bala, mon cousin Mica et toute ma famille au Nigeria... Vous ne m'avez pas oubliée et vos bras me sont restés ouverts. Vous êtes et vous resterez à jamais ma vraie famille.

Je remercie Magda, Patrick et leurs enfants. Ils ont été mon unique lumière durant ces quatre années de nuit.

Je remercie Francis, Martine, Fizia, Dominique,

Josette, et tous éducateurs et responsables des Services d'Accueil d'Urgence de Bois d'Arcy et du Centre d'Accueil Educatif d'Insertion. J'oublie parfois vos prénoms, mais aucun de vos visages ni le dévouement dont vous avez fait preuve à mon égard. Vous m'avez rendue à la vie.

Je remercie Mme Garçonnet, pour son soutien de chaque instant.

Je remercie M. et Mme Kalu, Mlle Natacha Yoran Torde, Mlle Nefertiti Pounenedela, Mlle Chantal Marboua.... Vous êtes toujours disponibles quand je vais mal et que le chagrin me submerge. Je perdrais pied sans vous. Ce livre est l'occasion de vous dire à quel point je vous aime. Vous comptez tellement pour moi.

Merci également à Nathalie, qui m'a trouvée dans la rue, qui m'a écoutée, et a guidé mes premiers pas vers la liberté. Je ne vous oublierai jamais.

Du fond du cœur, merci...

Ouvrage publié
sous la direction de Virginie Fuertes

Composition PCA
44400 – Rezé

Éditions de Noyelles,
123, boulevard de Grenelle, Paris
www.franceloisirs.com
Une édition du Club France Loisirs, Paris
réalisée avec l'autorisation des Éditions Michel Lafon

N° ISBN : 978-2-298-03904-7
N° Editeur : 60760
Dépôt légal : sept-10